这样说，下属1分钟就懂你

リーダーは話を
1分以内にまとめなさい

[日] 冲本琉璃子 ◎著

余冬敏 ◎译

ZHEJIANG UNIVERSITY PRESS
浙江大学出版社

第 3 章

分配工作其实很简单

第4章

当一名会倾听的上司

第5章

主管开会讲话的技巧

后记 // 181

将自己的意见和想法准确地传达给别人，是一件非常不容易的事，尤其是在工作中。主管需要将自己的想法传达给下属，安排工作。然而在传达的过程中，常常会因为下属的误解及理解的偏差等原因，导致工作的结果与预期相去甚远。

刚当上主管时，我并不擅长将自己的意见和想法传达给下属。由于沟通不畅，我们有时候甚至不得不将工作重新来过，使得工作效率非常低。我们之间常常会就一件事"说过还是没说过"这种问题争论不休，也曾由于沟通不善而产生误解，导致下属完全丧失了工作热情。

那时，我与下属之间的沟通糟透了。即便如此，我仍然固执地断定，没有沟通好并不是我的问题，都怪对方没有认真听。我独自背负着种种压力挨过一天又一天。

直到我听到吉本兴业株式会社的前经理人、现在从事活性人力资源管理的大谷由里子女士说的一句话，这样的日子才结束。她告诉我，将责任归咎到别人头上是无法改变任何事情的。这句话对于当时的我来说，不亚于醍醐灌顶。

的确如此，我只是一味地认为别人不肯认真听我说，并为此焦躁不安，却从没有想过要改进自己的表达方式，让别人变得愿意倾听。

当我站在下属的立场上，也就是当我从听众的角度出发，思考这一问题时，我终于获得了顺利沟通的启发。

"啰啰嗦嗦，完全不知道那家伙想说啥。够了够了，别讲了！"

"好了好了，你说的我都知道了。烦死啦！"

"多管闲事！我可不想听你喋喋不休地指责我。你根本什么都不懂！"

一边听着主管讲话，一边在心里这样嘀咕的下属也许比我们想象的要多得多。记得过去的我也是这个样子的。

说话人想表达的意思往往并没有按照他所想的那样传达给听话人，特别是冗长的讲话。你的长篇大论也许仅仅给听话人留下了"冗长"的印象，关键的内容却被忘得一干二净。听话人能够集中精力倾听他人讲话的时间最长不超过1分钟。1分钟内要向对方传达些什么，怎样传达，是关键所在。为了使对方理解而没完没了地讲个不停，反而只会消磨掉对方倾听的耐性。

也许读者们会说"这些道理我们都懂"。然而就算我们心里明白"表达方式"是个问题，要真正改进它却往往很难。

在具体的工作场景中，怎样说话才会让对方愿意倾听呢？本书就这些表达方式、说话方法进行了一些总结。希望你作为主管，在面对上司、下属以及公司外部人员一干人等时，能够运用恰当的说话方式。

在前四章的最后，还分别介绍了1分钟内把话讲清楚的4种方法。

　　满腔热情地跟别人谈话，对方却不愿意听或者无法理解，是一件很悲哀的事情。我希望与之前的我有相同烦恼的人越来越少，特执笔此书。

冲本琉璃子

2011年2月

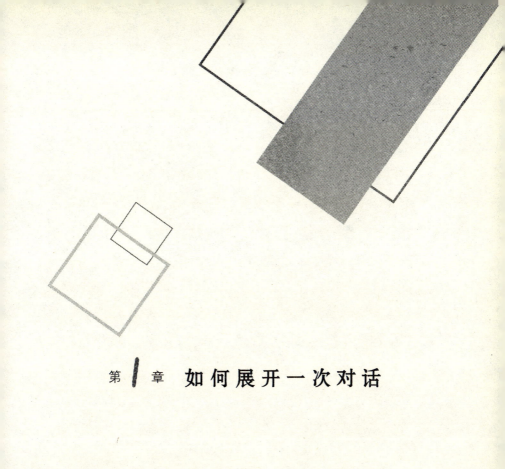

第 **1** 章　**如何展开一次对话**

主语别用"你"，要用"我"

单方面断定会打击下属的干劲

你有没有经历过，因为上司的妄加推断，害得你一下子变得像个泄了气的皮球？

例如，你在早晨一心想着今天要好好工作，干劲十足地来到了公司。可是和上司一见面，他就说："你怎么这么没精神呀！你可能有你的理由，但总是闷闷不乐，事情也不会好转啊。喂，不要一大早就阴沉着一张脸啊！要像那个谁谁一样打起精神来才行。这样一副'苦瓜脸'，女孩子可不会喜欢哦。我要是早上提不起劲，就会喝瓶营养饮料，靠毅力坚持住！"被上司这么一说，你会怎么想呢？我想，你根本不可能再打得起精神了吧。

但是事实上，一大清早就这样和下属打招呼的主管其实有很多。

这番话的问题出在哪里呢？

第一个问题是话太长。特别是一大清早就被人这样唠叨一通，无论是谁，肯定一整天都无法进入状态了。

第二个问题是，员工本人其实很有干劲，却被上司随随便便推断为没精神。要知道在这个世界上，有人会将自己的心情如实地表现在脸上，也有人面部表情并不那么丰富。不能仅仅因为他比周围的人看起来淡定一点，就断定他没精神。

总是用询问打招呼

如果下属看起来确实不如平常有精神，主管该怎样打招呼才好呢？

"咦，我觉得你看起来好像不如平常有精神啊，没事吧？"

这样打招呼的话，就会减轻语气里的推断感。

关键在于主语别用"你"，而用"我"。不要说"你没有精神啊，打起精神来！"而要说"我觉得你好像没有精神啊，没事吧？"这样一来，语气就由推断转变成询问了，可以将你的关心直接传达给下属。

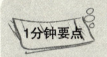

1分钟要点

1分钟内传达对下属的关心的要点

【不要单方面地对下属进行推断】

↓

【以"我觉得……"的语气打招呼】

↓

【确认事实是否如你的猜测】

试试这样说吧

"咦，我觉得你看起来好像没平常有精神啊，没事吧？"

等下属请教时再发表意见

下属只在想请教时才会听你说

关心下属是主管的重要职责之一。

在这一过程中，主管可能会因为不放心下属的工作方式而想过问。但这种时候，一定要努力克制，耐心等待下属来请教。因为下属不喜欢上司多管闲事。

如果下属觉得你是他学习的目标，值得信赖的话，自然会来请教你。但如果他没有这么想，那你再怎么给他建议都无济于事。因为下属根本不想听。

况且，上司的建议常常容易演变成自夸或个人的成功经验之谈。而一旦如此，这场谈话将不可避免地变得冗长。

对于下属来说，没有比听主管冗长的自夸更让人受不了的事了。因此，你煞费苦心的好意不仅浪费彼此的时间，甚至会让你在下属心目中留下一个爱管闲事又啰嗦的印象。

所以，你应该只在下属向你询问时才发表意见。

只需告诉下属"有问题就问我好了"

不放心下属工作的时候，主管只需对他说一句"有问题的话随时都可以问我"就足够了。

对于不想听的下属来说，中肯的建议、冗长的说教、上司的自夸都一样是耳旁风；这些对于他们来说只是噪音。所以，即使主管提出建议是出于关心，对方也不会领情。

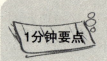

1分钟内了解下属工作情况的要点

【理解下属并不想听上司讲话】

↓

【经常告诉下属"有问题可以问我"】

↓

【在下属提出请求前，默默监督就行】

试试这样说吧

"你没事吧？有问题可以问我，随时都可以哦。"

别光顾着问结果

你是不是一个只看到结果的主管？

很多主管光是自己的工作就已经一大堆了，根本没有时间去关心下属。因此，他们甚至没有意识到下属也在努力地工作。

如果主管只会针对工作的结果，询问"那件事搞定了吗？"下属会觉得失望。然而，越是忙的时候，主管往往越是只关心结果。

在当下属的时候，我曾经十分讨厌只注重结果的主管。然而自己成为主管以后，我却发现自己不仅没有余力培养下属，就连关心下属的工作都做不到。

你也是一个只注重结果的主管吗？也许你现在工作太忙，对下属疏于关心？

如果你很关心下属，但觉得他的努力是理所当然的，没有告诉他"我知道你在努力"，那么请你换位思考一下。

假如主管命令你收集大量的信息，统计、分析数据，并将这些资料总结在一张A4纸上。

将庞大的信息总结到一张A4纸上是一项相当花费精力的工作。然而，当你完成工作向主管汇报时，对方只是随意地接过资料，说声谢谢，便将其随手扔在了文件堆里。此时此刻，你的心情会怎样呢？大概你会想："枉费我花这么多心血做资料，主管却完全没体会到我的辛苦，一点也不重视那份资料。下次随便弄弄算了。"

告诉下属，你看到了他的努力

有一段时间，我为准备新产品的发布会每天忙到很晚。光是核对顾客的交通费这项工作，就花费了我大量的时间。老实说，我真觉得这样一个个地检查过来很麻烦，但我还是一丝不苟地完成了。

就在这时，主管对我说："你连这些琐碎的事都这么费心，干得不错啊！"

我一下子开心起来，觉得主管在关注我的工作，疲劳和不耐烦也早就被抛到了九霄云外，身体涌出了源源不断的新动力。我甚至乘兴做出了方便顾客查阅的《交通一览表》。时至今日，这件事还让我记忆犹新。

如果主管认为下属做好工作是理所当然的，完成工作是刻不容缓的，那么下属在工作过程就中只会觉得是为了完成任务而工作。然而一旦主管的话语让下属觉得自己的努力受到了关注，他就能提起积极性，想让事情做得比预期更好。

只要你关心下属，就会发现下属付出了哪些努力。如果你发现了，就请通过明确的语言告诉他，你一直在关注着他的努力。

知道自己的努力被他人关注，人就会感到自己的价值。得到主管的认可，会让下属更加有自信。有了自信，下属才会有干劲。工作成果固然重要，但在取得成果的过程中激发下属的干劲，同样也具有重要的意义。

主管除了做好日常工作之外，还必须关怀下属。我明白，人们往往对主管寄予厚望，高标准、严要求，弄得主管光是自己的事就已经忙得够呛。但是，只要你能注意到下属的努力并夸奖他，下属就会做出更高质量的工作，主管反而能收获更多轻松愉悦的心情和私人时间。

松浦健介先生在出租电脑和测量仪器的横河租赁株式会社工作。每当下属与新客户取得面谈预约的时候，他都会夸奖他们干得不错。无论订单最终有没有签下来，这是对下属积极向上的工作态度的一种认可。这样的夸奖促使下属更加兢兢业业，提高订单数量；同时也能引导下属之间互相勉励，营造出轻松健康的工作氛围。

赶紧去告诉正在努力的下属，你时刻关注着他的努力吧！

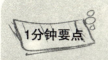

1分钟内激发下属工作热情的要点

【关心下属的每一项工作】

↓

【注意下属做出了哪些努力】

↓

【告诉下属你觉得他哪里做得不错】

试试这样说吧

"上次讨论的内容你做的调查很详细啊！报告上已经很好地反映出来了，简洁明了。谢谢！"

一句"怎么了"帮下属爬出泥潭

不要用自己的标准来看待事物

有些不够自信的员工在碰到自己无法解决的问题时，会不好意思去问别人，导致问题始终解决不了。主管应该怎样与这一类下属沟通呢？你有没有遇到过由于问题得不到及时解决，随着时间的流逝变得越来越严重，最终使你陷入窘境的情况呢？

下属第一次与主管商量的时候十分关键。

当下属纠结到最后，觉得实在没办法了，终于鼓起勇气向主管请教的时候，主管却训斥道："这种问题都解决不了？你这样连新员工都不如嘛，赶紧加把劲吧！"听到这些话，恐怕下属再也不会去找主管商量事情了吧。他也可能因为这些话更加失去自信，导致出现的问题越来越多。

我在某公司从事业务改善改革工作时就发生过这样的事。当时社长经常提醒我："冲本，不要用你个人的标准来看待问题！"

但我完全不明白这句话的意思。和下属沟通时，我总觉得，"这点事情都做不好怎么行？这不是很简单么？我能做，你当然也能做。"

然而那个系统本来就是我一个人独立设计的，下属当然不可能知道它的全部内容。于是下属越来越觉得"我怎么连理所当然的事情都做不好"，失去了自信。

主管能做的事情下属不一定都能做好。用个人的标准思考问题注定会失败。

用肯定性的语言鼓励下属

这是我在编写新系统数据库时发生的事情。一名下属因为程序错误而误删了商品信息的主文件夹。他想要自己解决问题，但因为惊慌失措，根本想不出方法。他来向我求助时，我对他说："你到底在干什么！连这种问题都解决不了吗?!"

　　我的本意是想激励他，告诉他"你可以的"，但是从下属的角度来看，这句话其实有点伤人。训斥了他之后，我自己找到了方法并解决了这个问题。其实，最后我独自处理好这件事的做法也是不可取的。那位下属也因此而觉得自己"不懂=无法解决=无能"，从此失去了自信。

　　如果那时我问的是"怎么了"，然后冷静地倾听他的问题，并鼓励他"没有关系，你一定可以的"，和他一起解决问题的话，情况肯定会有所不同吧。

　　"这种问题都解决不了吗?!"这类否定性的激励语言很多时候并不能很好地将你真正想表达的意思传达给对方。与之相比，"一定可以的！"这种肯定性的激励语言能更准确地传达你的意思，使双方的情绪都变得积极起来。

　　即使说话人的感情相同，也可能因为语言表达的细微差异让听话人理解成完全相反的意思。

　　现在，我在鼓励下属时已经很注意措辞了，但有时候还是免不了会出问题。

陪伴下属彻底解决问题

当下属因无法解决问题而陷入泥潭时，询问他"怎么了"并耐心倾听他的问题，这很好。然而有些主管在听完后，只说句"啊，这样啊，加油哦！"就扬长而去。也许，主管是想让下属独立解决问题，但下属很可能无法理解这层深意。

当然，这样做的主管比起问都不问的人要好很多。但是，对无助的下属表示出关照的态度也是很有必要的。

但是如果和上文例子中的我一样，由主管代替下属去独自一个人解决难题，那么下属永远不会成长，而且会觉得自己是一个无能的人。

因此，主管需要寻求一种平衡，既要随时关注下属挑战难题的进展情况，又要狠下心来绝不插嘴。

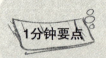

1分钟内改变下属停滞状态的要点

【抛弃"为什么你连这种工作都做不好"的想法】

↓

【询问下属并倾听其问题，让下属树立"我可以的"的
信心】

↓

【一起寻找解决方案】

试试这样说吧

"怎么了？"

"没问题的，你一定搞得定的。我们一起想办法解
决吧！"

主动问候下属吧

培养会主动问候的下属，营造良好工作氛围

我听说很多公司因员工没有主动问候的习惯而苦恼。有些公司甚至贴上了"互相问候吧"这种很直白的标语，让人看到了误以为自己来到了幼儿园或者是小学。

有些主管认为，下属应该主动问候自己，自己先打招呼会很没面子。那么请你回忆一下。

面对小孩，辈分更高的大人都是主动打招呼的。然而长大成人后，不知从何时起就有了由晚辈主动打招呼这种规矩。主管负有培养下属这一重要的职责，所以让我们一起转换思维，主动向下属问候，从而培养会主动问候的下属，并营造这样的工作氛围吧！想要督促下属

问候，主管要首先做出榜样。

要渗透问候文化，行之有效的方法是清楚地叫出每个人的名字。当你同时向很多人说"早上好"时，下属会认为自己只是很多人中的一员而已，觉得"肯定会有别人回应的吧"。大家都这么想，就会造成谁都不会回应你的尴尬场面。用"某某，早上好！"这样加上具体姓名的问候，下属就会知道主管是在跟自己打招呼。特别是当他装作没听到不予以回应的时候，特意叫一下名字，可以让他转过头来回应你。所以即使对方只有一个人，也一定要叫名字。

另外，问候时最好再加上一句其他的关怀语句，"某某，早上好！这件西服挺适合你的嘛！"

这句话既是早晨的问候，也传达了"我在关心你"的信息。而且通过观察下属的反应，可以知道下属有没有什么不对劲的地方，了解下属的状况。

怎么样？有没有觉得工作氛围因此变得轻松愉快了呢？

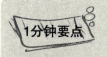

1分钟内愉快问候的要点

【主管主动问候】

↓

【问候时加上姓名】

↓

【最后再加上一两句话】

试试这样说吧

"某某，早上好！这件西服很适合你嘛！"

消极的人的消极想法也是块宝

充分发挥下属发现负面问题的能力

"为什么你的想法总是那么消极？就因为你这样，业绩才上不去的！"

主管想借这句话打消下属的消极想法，然而有趣的是，这句话本身就很消极，反而会让谈话的气氛变得更加沉闷。

好几位客户都曾经向我咨询过这样的情况。

"我的下属中有个人总是否定他人的意见。但是反问他'那你说怎么办才好'时，他又沉默不语，让我很头痛。这种人只会提出问题，却完全不动脑筋去思考解决方法和改善方案。您有什么好办法吗？"

听到这样的事时，我总会回答："对于公司来说，这样的人可是非常宝贵的人才哦！"

听了我的回答，几乎所有人都会目瞪口呆。各位读者是否也是如此呢？

但是请大家想想。那个人仔细观察了别人都没有关注的地方，而且指出来了。发现问题并愿意指出来的人并不多，但那个人宁愿自己当恶人，也要告诉我们。要是能充分发挥那个人的个性，对于整个团队的协作来说岂不是更好吗？

我们应该赞扬他："原来如此，还有这么一回事啊。我都没想到啊！"并对这种能够发现别人发现不了的消极面的想法表示认可。最好再问一句，"还有其他问题吗？"来确认是否还有其他的消极面。

我们需要的并不是什么都会的多面手。

一方面，喜欢和擅长思考新创意的人会将想到的创意一一提出来，但是他们并不一定能够把这些创意付诸具体行动。另一方面，有些人虽然不擅长提出创意，但是擅长思考怎样将构想变为现实。同样，对于擅长发现消极面的人，我们要充分发挥他的这种能力。至于提出之后要怎么办，我们请擅长这方面的人来思考就行了。

各自承担自己擅长的工作，才能让团队同心协力地取得发展。

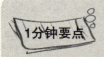

1分钟内充分利用消极想法的要点

【尊重任何内容的发言，并认同其消极面】

↓

【告诉他："你发现了其他人都没发现的问题，了不起！"】

↓

【询问是否存在其他的不足之处】

试试这样说吧

"原来如此，还有这么一回事啊。我都没有想到呢！还有其他问题吗？"

1分钟搞定谈话：结果法

■ 结果法

1. 要求、提案（结论）

2. 事实、现状

3. 理由

4. 结果

■ 例：邀请别人一起去荞麦面店吃午饭。

今天午饭一起去吃荞麦面吧。

我最近每天都吃得很油腻。

你不是说过前几天的体检报告上医生建议你减肥吗？

荞麦面很清淡，可以减肥哦。

告诉对方执行提案后可以得到的结果，引起对方的认同感。

让我们一起记住并运用上述结果法吧！

第2章 赞扬和批评的学问

赞扬要简短、直接

越是无能的主管，越无法由衷地认可下属的成绩

你有没有不小心成为一位不愿认可下属成绩的主管呢？

你是不是嘴上说着"了不起"，心里却在嘀咕"那个家伙负责的区域有很多大公司，当然能够很快达成目标"，"只不过是运气好而已"之类的话呢？

能否由衷地为下属的成绩感到高兴，反映出一个主管气量的大小。确实，一些主管喜欢打压能者。因为他们没有自信，只能靠排挤别人来保住自己的地位。

然而真正能干的主管，一般都是胸怀宽广、有度量的人。他们会帮助下属做出成绩，并由衷地为之感到高兴。能干的主管会主动引导下属做出成绩，真心地赞扬和认可就是其中的一种方法。

"这么快就完成任务了？真了不起！"

喜欢打压能者的主管和引导下属走向成功的主管，你是哪一种呢？

你的赞扬可能会被下属理解为挖苦

另一方面，有时候主管其实是发自内心地赞扬下属，但下属不但没感受到主管的赞扬，反而觉得主管是在挖苦自己，这也是一件让人无奈的事。

"这项工作你已经做了五年了吧。那这点情况对你来说肯定没问题了，我就放心地交给你啦！周五开会之前你应该能搞定吧？"

如果有人这样和你说话，你会觉得这是在赞扬你，并发自内心地高兴吗？恐怕不会吧。

即使主管的初衷是赞扬下属，但由于说了多余的话，下属不仅感受不到善意，反而觉得是一种挖苦，主管的赞扬起了反作用。

当主管想要赞扬下属时，不需要说"为什么我会放心地把工作交给你"的理由，直截了当地说出赞扬的话语就行啦。

"把工作交给你我很放心。周五开会之前搞定啊，拜托啦！"

这才是聪明的做法。

赞扬的时机比具体内容更重要

有些主管想赞扬下属又不知道该怎样说，因而错失了赞扬的最佳时机。

确实，考虑到"对方会不会觉得我有什么企图"，又或者是"我的本意是赞扬他，但他会不会觉得我是在挖苦呢"，主管就免不了为怎样说才好而思前想后，错失了赞扬的最佳时机。也有人可能越想越觉得麻烦，干脆就放弃了。

其实，赞扬别人时并不需要想得太复杂。只需将你的感受简单而真诚地表达出来就行了。因为听到赞扬的时候，大多数人即使知道是奉承，也会觉得很高兴。

反而，越长的辞令越容易让人怀疑你的企图。

遇到别人对你说"工作干得漂亮！"你肯定不会觉

得心里不爽吧？即使知道对方是在奉承，也没有人会生气吧？

当然，也有人听到赞扬时可能会想"我到底是哪里好，怎么个好法呢？"没关系，等他问到"哪里好"时，再回答他就可以了。

关键在于觉得好的时候，立刻赞扬。

谷口祥子女士是赞扬之道的传道者。她曾说过："赞扬他人时，赞扬的内容和赞扬的方式固然重要，赞扬的时机也非常关键。在下属取得成绩时，下属希望得到赞扬时，主管本人想赞扬时，立刻真诚地表示出来，效果最好。"

因此，赞扬的时机比具体内容更重要。

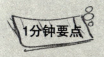

1分钟内赞扬下属的要点

【觉得好的时候，马上表示赞扬】

↓

【赞扬要简短】

↓

【被问到哪里好的时候再说理由也来得及】

试试这样说吧

"这么快就完成任务了？了不起！"

鼓励其实也有讲究

对下属说"拿出自信来"不会让下属有任何改变

有些人讲话时喜欢低着头，不敢看对方的眼睛。这些人看起来好像很没自信，但实际上可能是很能干的人。

没有自信可能是理想远大，对自己要求严格的一种表现。如果对这样的人说："你怎么这么没自信啊！看着我的眼睛说话！"他们的自信恐怕会越来越少，甚至因为害怕而无法正视对方。

以前我从事公司业务改善改革的工作时，有一位非常能干的下属。他工作努力，掌握了多项技能，并且能够竭尽全力地完成工作。但是每次我和他谈话时，他总是低着头小声地回答，看起来很没自信。

虽然他总能取得高于别人预期的成绩，但因为讲话时低着头不看对方的眼睛，周围的人并不觉得他是一个能干的人。我为此觉得非常惋惜。因为，如果和客户谈论业务改善提案时显得没有自信，就算对方觉得提案不错，也很难放心，表示同意。

我一再对他说"拿出点自信来"、"你要相信自己"，但他那显得缺乏自信的言行还是毫无改变。确实，光是听别人对自己说"拿出自信来"，是很难让人鼓起勇气的。

他人的认可会让人有底气

我也曾经被主管分配去做一项从没做过的工作。我对自己完全没有自信，不知道该怎么办，并为此而困惑。虽然有一位同事鼓励我："没关系的，拿出信心来吧！"但自信这东西可不是说有就有的。

然而，另一位同事对我说："你肯定能干好这项工作的！上次你的那个提案不是做得很好吗？这个肯定也没问题的！"我因为这句话而有了点信心，鼓起了勇气，心想"应该可以吧……"

对于没有自信的人，周围的人首先要认可他，告诉他"你能做到的"。特别是主管的认可作用是巨大的。

1分钟内让下属拿出自信的要点

【作为上司，要相信下属的能力】

↓

【告诉下属"你可以的"】

↓

【告诉下属已经做得很好的地方】

试试这样说吧

"某某，我觉得你在说自己的提案时没有什么自信啊，你觉得呢？如果你在发表意见时能够认真地看着对方的眼睛，不管什么样的提案都能通过。其实你的提案里数据分析做得很好，可信度很高啊。"

查清楚事实再批评

仅凭一面之词是无法把握整件事情的

遇到客户或上司批评你的下属时，你会怎样将这件事转告下属呢？

"你到底在想什么啊？某某公司的井上部长很生气地跟我说，你总是在交货截止的前一天晚上才通知他们交货时间，让他很难办啊。新来的员工也知道要提前通知对方交货期限才行啊。你可真是的……某某公司可是我3年前煞费苦心才签下来的客户，你让我的脸面往哪里搁啊？"

你有没有说过类似的话呢？

主管绝对不能用"你这不是让我丢脸吗"之类的话责备下属。先向下属弄清楚事实吧。仅凭别人的一面之词，你能掌握的信息很少，也很难弄清事情的全部细节。

我们在生气的时候往往眼里只有"让我生气的事情"。但是，再怎么纠结于这种事情，问题都无法真正得到解决。

当然，下属被客户或上司批评也是事实，所以你可以先将这个情况如实地告诉下属。例如可以这样说："今天，某某公司的井上部长和我说了一些关于你的事。他很生气，说你每次都到前一天晚上才通知他交货时间，让他很难办。所以我想向你询问一下情况。"

主管的看法、意见和感想要放到后面说。

如果主管一开始就发表自己的看法，下属会气愤地认为，主管根本什么都不知道就批评我，感情用事。这样一来，下属便不再信任上司，倾向于狡辩，不愿意说出事实。

向下属听取事实

主管告诉下属情况后，只需向下属听取事实。待听完事实情况之后，再观察下属的反应。

主管可以这样问："我想先向你弄清楚事实情况，可以吗？"说不定你就会发现事情并不一定是下属单方面的过失。例如："虽然公司规定要提前10个工作日订货，但是最近的订单基本上都是提前5天的紧急订单。所以我无法提前通知交货期限。"

这样一来，你就没有只听客户的一面之词，而是同样公平地倾听了下属的解释。客户陈述的情况当然并没有错，是事实，但并不是全面的事实。

如果不弄清楚事情的来龙去脉，只是一味地责怪下属，下属就会越来越不敢随机应变，只会被动等待领导的指示。

不能百分之百地听信客户或上司的话而忽略下属，双方都要信任。化解双方的分歧，弄清事情的来龙去脉，并与下属一起思考对策，不也是主管应尽的职责吗？

主管不能将责任都推给下属。

"这样啊，你为了满足客户的要求，不惜违反订货规定，采取紧急应对措施，这才导致交货通知推迟到了截止日期的前一天晚上，激怒了井上部长啊。下次碰到类似的情况，希望你向我汇报一下。我们可以一起想接下来怎样应对会比较好。"主管应该像上面这样简单地总结事实，并在这一过程中观察下属是否认可你的说法，然后一起思考解决方法。

听取事实后，主管千万别提太多建议，尽量让下属独立思考。

下属被投诉或遭到警告时，欧文印刷株式会社的下釜胜明先生会努力做到不给下属施加压力。

下釜先生说："我会营造一种'我会认真听你讲话'的工作氛围，将被投诉的事客观地告诉他，同时向他弄清事情的原因和事实。然后让下属针对投诉事件思考解决方案，并付诸实施。当然，对于解决方案的可行性，我会在他讲完之后给予一定的意见。"

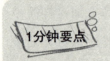

1分钟内将他人的投诉转告给下属的要点

【尽快将被投诉这件事告诉下属】

↓

【跟下属弄清事实情况】

↓

【一起思考解决方案】

试试这样说吧

"客户公司的某某部长非常生气，说这件事让他很为难。我想问你一下事情的经过可以吗？"

明确纠正下属的措辞

"视而不见"最终会害了自己

遇到下属措辞不当的时候，你会明确地提醒他吗？许多主管害怕因此遭到下属怨恨而不愿意主动去指正。

前几天，某公司的材料采购负责人跟我说了这么一件事。

某位销售员与上司一同来访。这个销售员不管说什么，都喜欢在前面加上一个"贵"字，结果讲话听起来很奇怪，语言表达出现了很大问题。当时他的上司表情也很尴尬。

这位负责人心想："这位上司回去后应该会指出销售员的错误吧，下次过来应该会有所改正。"然而第二次来访时，这位销售员的说话方式还是毫无改变。可见这位上司虽然意识到了下属的表达错误，但默许了他的错误，并没有予以指正。

这位销售员要代表公司访问很多地方。他所在的是一家大公司，但人们很可能无法信赖他。不是因为这家公司销售的商品有问题，而是因为这位销售员的上司让人觉得不放心。错误本身不是问题，问题在于这位主管明明意识到下属的错误却不予以指正，客户往往不愿意与这样的公司做生意。

不提醒的危害更大

那么，主管要怎样提醒下属才好呢？

以前，我曾指出一位比我年长的同事在打电话时错用了双重敬语，气得她怒发冲冠。她是一位工作认真、受到周围同事高度信任的女性，那次还是她第一次被人指出语言表达错误。虽然她自以为回答得很有礼貌，但从语法上讲却是不恰当的。

也许正因为她是一位对自己的礼貌和礼仪都非常有自信的女性，所以被年轻的我指出了错误，才会觉得格外伤自尊吧。我是出于好心予以指正，但这件事的结果却并不理想，让我觉得有点后悔不该说出来。

但是，主管不能因为不该说而再也不说了。就像上文中销售员的例子。

不少主管会以为，"要是我指正了下属，他肯定会讨厌我的。"

然而，保持沉默的后果往往适得其反。如果你不予以指正，下属就会一直犯错、丢脸。你现在不告诉他，以后他发现自己的错误时也许会更加怨恨你。

想象下属离职后会遇到的情况

这也是我当主管时经历的一件事。这件事让我庆幸当年指正了下属的语言表达错误。

那位下属在称呼自己公司的社长或科长时总喜欢在后面加上"先生"，称呼为"社长先生"、"科长先生"[1]。

我指正了他的语言表达错误，告诉他："称呼自己公司的社长或科长时，不用在后面加上'先生'。"

---

[1] 日语中对客户提到自己公司的人时需要用谦逊语，不在职位后面加"先生"。

那位下属是从别的公司调过来的，他在之前的公司一直是加上"先生"来称呼社长或科长的，但是从没有人提醒过他。他说，一想到之前的事情就觉得很丢人，我能给予指正，他觉得很高兴。

现在已不再是终身雇佣制的时代了，换工作是常有的事。主管在意识到下属的错误时一定要及时予以指正，这也是为了下属跳槽后不在别处丢脸。

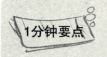

1分钟要点

1分钟内指正下属的措辞的要点

【意识到不提醒的危害更大】

↓

【直接指出问题所在】

↓

【告诉下属正确的表达方式】

试试这样说吧

"虽然是件小事,但我想还是提醒你一下会比较好。这个词是谦逊语,所以不能对顾客用,这样是不礼貌的哦。我们都要注意下自己的遣词造句。"

坦诚沟通才会让下属不隐瞒

别责备下属，除非你只想听到辩解

下属的实际工作与进度报告不符时，主管千万不能斥责说："不要拿进度报告来糊弄我！"因为被主管责骂后，下属会更加害怕，更加企图蒙混过关，或者根本就不报告了。

这是我以前从事新系统开发工作时的经历。进行程序测试的下属汇报说工作一切顺利，然而实际上程序测试工作却陷入了停滞状态。我觉得有点不对劲，详细询问后，发现部分程序测试还没有完成，进度比原计划晚了两天。

下属觉得只要找到问题所在，利用一个假期就能赶上进度。然而假期时我去了公司，并自己做了一些测试，进度拖后的事就暴露了。

我斥责了他，问他为什么做这种事。

然而下属并没有理解这句话里的"为什么"只是疑问，而把它理解成了"责备"。他拼命地为自己辩解。于是，那一整天办公室的气氛都很沉闷。

营造一个坦诚交流的环境是主管的职责所在

现在想起来，以前我自己在工作不能如期进展时，也没有坦率地将进度汇报给主管。

那是我刚开始从事系统开发工作时的事。直到截止日期前的最后一刻，我还在拼命想要一个人完成所有的程序。这时，主管找到了我。

主管："现在进展得怎么样了？"

我："一直没什么进展，不行啊……"

主管："那么现在大概弄好了百分之多少了？"

我："嗯……"

主管："要是到截止日期了再说进展不顺利，事情就很难补救了。所以现在进度跟不上，你就要如实告诉我。这样大家可以一起来解决问题。所以请如实汇报。"

我："对不起。现在还没有到40%。主要是这个地方不顺利。如果搞清楚原因的话，应该可以一口气进展到90%……"

这样，交流问题就不会继续恶化了。主管获得真实的汇报，就可以早日解决问题。营造一个这样的氛围正是主管的职责所在。

听到了真实的汇报后，主管要帮到底

我认识一位白领女性，主管告诉她："即使进度跟不上，只要如实告诉我，大家就可以一起解决问题。所以请如实汇报。"然而在听了她的汇报后，主管只是说："啊，这样啊。不快点解决可就麻烦了。什么时候能弄好？"这样的态度让她大失所望。

老师在听到学生说"我已经努力了，但还是没完成"时，回应一句"你已经努力了"来安慰他就可以完事了。然而在工作上，这样做却可能导致巨大的损失，光是努力过是不够的。正因为如此，主管才更需要下属如实汇报。

既然说了"如实告诉我，大家就可以一起解决问题"，主管就要担负起帮助下属解决问题的责任。很多时候，正是主管不负责任的态度导致了下属的敷衍。

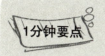

1分钟要点

1分钟内让下属不敷衍的要点

【下定决心，绝不责备下属】

↓

【告诉下属，希望获得如实的汇报】

↓

【听到汇报后与下属一起思考解决方法】

试试这样说吧

"这项工作进展如何？无论有什么问题，都希望你能如实告诉我。这样的话大家可以一起把问题解决掉。"

别急着批评独自扛起全部工作的下属

仅仅批评他"不要一个人孤军奋战"是没有效果的

对于什么工作都坚持一个人独立完成的下属，你会对他怎么说呢？

有些人工作很努力，但是不喜欢依靠别人或者不擅长依靠别人。这种人很容易陷入孤军奋战的困境。不仅如此，他们还会自不量力地不断给自己增加工作。即使是团队合作的工作，他也会抱着"我一个人照样能做好"的心情去独自挑战。

但是，这种努力是很难长久的。总有一天会坚持不下去。

对主管而言，首先要认可这些人的努力，并激励他坚持下去。但在给他打气的同时，也不要忘记告诉他团队合作的重要性。

主管："你也不要太拼命了哦，毕竟身体是革命的本钱嘛。你要是病倒了，我们工作也够呛啊。适当休息一下，有些工作可以请别人帮忙嘛。"

下属："好，没问题。我会努力的！"

这样和下属说，下属不会有任何改变，肯定还是会一个人担负起所有的工作。

想要独立完成工作的人具有很强的责任感，工作也很努力，这一点很了不起。但是我们也有必要告诉他团队合作的重要性。社会是由一个个团体构成的。要让他认识到，自己是团队中的一员，是在和其他同事一起共同工作。

一个人独立工作会让公司承受较大风险

过去，我也不喜欢把工作交给别人，什么事都想一个人独立完成。因为我觉得，如果交给别人，别人又没有干好，反而会增加我的工作量，更加麻烦。于是我抱着"这些我都要一个人完成"的想法拼命干活，平日里晚上加班，节假日也加班。

在准备某个促销活动时，主管和我说了这样一番话："冲本，你工作一直都很努力啊，这很不错。但是你没有必要所有工作都亲力亲为哦。让别人和你一起分担工作，团队合作才会更有效率。你要做的是只有你才能完成的工作。如果你可以制订好工作的流程，将工作分配下去，和大家一起完成这个项目，就会更有效率，成绩也会更好哦。"

我原来从未想过团队合作，也完全没有意识到自己是在和同一科室的同事一起完成工作。即使同事问我"需要我做点什么吗？"我也总是回答："没有什么事，谢谢。"

因此，看着他们，我往往会羡慕，清闲的人真好啊，却没明白自己究竟为什么会有这么多工作要做。

如果一个人独立做本该团队合作完成的工作，公司就需要承担较大的风险。考虑到工作效率和效果，团队合作是很有必要的。一个人独自努力到最后关头才发现搞不定，那就为时已晚了。特别是那种有期限要求的工作，可不是在截止日期前一天说一句"做不完"就能算了的。

"一个人努力"这种工作态度本身是很了不起的。如果不对这一点予以表扬的话，很容易打击下属的积极性。在对他的工作积极性予以肯定的基础上，主管必须告诉他，"两个人比一个人好，三个人比两个人好，如果大家分工合作，将会做出很好的成绩"，"一个人独自承担工作的话，万一病倒了怎么办呢"。让下属意识到诸如此类各种各样的可能性，开阔视野。

在东洋软件工程株式会社从事商务软件开发的黑本大辅先生就很擅长调动团队成员的积极性。他常常会主动问员工："现在你的工作情况怎么样啊？你具体在干哪些部分？我会让大家一起协助你的。"黑本先生这样一问，即使下属正在为某项工作而烦恼，也会鼓起热情，并乐意尝试着与团队成员一起完成工作。

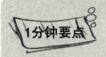

1分钟内打消下属独自承担工作的念头的要点

【对于独立完成工作这一点予以表扬】

↓

【告诉他团队合作的优势】

↓

【让他意识到"你并不是一个人在奋斗"】

试试这样说吧

"你总是忙到很晚啊。但是和团队成员一起合作会更有效率，而且能促进整个团队和整个公司的成长。可不可以让大家帮你分担点呢？"

下属迟到时帮他找找原因和改善方案

先弄清楚原因

对待迟到的下属，你会采取什么态度？责备，还是询问他迟到的原因？

与上文说到的对待下属措辞错误的问题一样，对下属的迟到视而不见的主管也不少见。这些主管是不是太过于谨小慎微了呢？他们也许不想因为批评下属而被下属讨厌，或是害怕下属因为受到批评而消极怠工。

对于经常迟到的下属，主管有必要对他进行口头警告。但是，仅仅责备有时并不能解决问题。

不要单单批评下属"不准迟到"，询问迟到的原因也是一种方法。

如果他迟到的原因是早上起不来的话，不要简单地说一句"给我起早点"，记得进一步问他，早上起不来的原因是什么。要找到他起不来的原因，帮助他思考能够早起的方法。

如果能这样深入地和下属沟通，你就会明白，他可能是因为家人住院，加班回去后还要照顾家人，晚上睡得很晚，所以早上起不来；也有可能是因为早上要给家人和孩子做饭，所以出门晚。

如果只对下属说"不准迟到！给我起早点！"而不帮助他采取有效的改善措施，根本解决不了迟到问题。

当然，下属也有可能仅仅是因为熬夜而导致早上起不来。这时候，就让他本人好好反思反思，迟到会导致什么后果。

你的迟到会导致什么后果？如果有客户来咨询，该怎么办？如果公司所有人都像你一样不遵守上班时间，公司会变成什么样子？用诸如此类的疑问让他认识到迟到带来的严重后果。

最后别忘了问他，"有没有什么办法能够保证今后按时上班呢？"和他一起寻找避免迟到的方法。

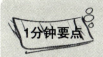

1分钟内对下属的迟到提出警告的要点

【发现迟到马上提出警告】

↓

【静下心来倾听下属迟到的理由】

↓

【一起寻找不迟到的方法】

试试这样说吧

"今天又迟到了呀，怎么回事？我们一起想想有没有什么办法能保证今后按时出勤吧？"

应对易冲动的下属

别用冲动压制冲动

你是否曾经在下属生气、冲动的时候火上浇油，结果导致局面一发不可收拾？

人都有喜怒哀乐，不顺心的时候生气也是无可厚非的。但是，控制这种情绪是每个人都应有的能力。

和开心的人一起开心，对方的喜悦会倍增。与此相对，对正在生气的人发怒，只会徒增对方的怒气。

下属："我都说过多少遍了！这块市场的需求人数在减少，即使做那么多的宣传也是无济于事的！我们已经做过很多次啦！"

主管："是你方法不对。你还不够努力。你该跟那个谁谁学学，好好加油才是！"

下属："我已经很努力了！您倒是说说，我还有什么好努力的？！"

如果你是这位下属，你会是什么心情呢？主管这样做不仅不能让下属平息怒火，反而会火上浇油，打击下属的工作积极性。

作为主管，你首先要冷静下来，并且站在对方的角度上，理解对方的心情。

主管："这样啊。你已经做过很多次了还是不行啊？你认为问题的原因在于市场的需求人数在减少吗？"

要像这样，把正在气头上的下属的话简单概括一下，并重复他的话，表示对他的心情的理解。

重复对方的话，让他冷静下来

下面这个故事是正面思考心理疗法学家的代表——松本德千先生，在学习交流技巧之前的失败经验。

有一位下属在各种会议上一遇到自己的意见遭批评就会发怒。松本先生对他说："你这么容易冲动可不行。你这样，会让我对你的人品表示怀疑。每次都提醒你，你还是没有进步，所以我才不敢让你干什么重要的工作。你要到什么时候才能变得稳重点？"

从那以后，这个下属变得沉默寡言，再也不愿意开口说话了，在会议上也不再发表意见。

松本先生很后悔。这个下属本来是一个很有表达欲望的人，如果当时能够体谅他的情绪，说不定他会变得更积极发言。

与之相比，外企N公司的杰克就能够做到理解下属，让下属慢慢冷静下来。

下属："我已经说过好几次了，日本的商业习惯与我国不同，进口商品的条码不能用，怎么又没把包装改成日式的？！"

杰克："这样啊。我明白你说的意思。我们站在解决问题的立场上考虑考虑吧。刚才你这些话的关键是按照日本的商业习惯，必须重新做包装对吧？我总结的方向没有问题吧？我认为我们必须从整体上把握才行。有几个问题我先问你一下。首先是成本的问题……"

主管首先要对下属表示理解，这样可以平复下属激动的情绪，让他能够静下心来交谈。然后就可以针对一个个具体的细节进行提问。这样一来，待解决的所有具体问题都能够得到很好的沟通，不会遗漏。

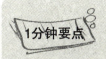

1分钟内平息下属怒气的要点

【告诉他"我理解你气愤的心情"】

↓

【慢慢重复对方的话】

↓

【营造氛围，让双方可以平静地，有建设性地交流】

试试这样说吧

"对于自己的延误视而不见，还要求我方提前交货，真亏他们说得出来。我理解你气愤的心情。为了跟对方说明我们的情况，先调整一下我们整体的日程安排，然后再听听周围同事的意见吧。"

详细说明必要性，下属才会配合

只要有可信的理由，就能获得信息

工作的最终汇报固然重要，但是主管也要告诉下属中期汇报的重要性。

工作如果进展得顺利还好，但是如果在临近截止日期的最后关头才收到下属报告说出现问题无法解决，那可就无力回天了。所以，主管一定要明确要求下属提交中期汇报。

要求的方式很关键。遇到下属没有提交中期报告，主管不能激动地斥责下属："至少给我做份报告。你连报告都做不来吗？你要是不汇报的话别人会很难办吧！"诸如此类的话。

抛开其他不谈，我们只要想象一下，主管说因为没有定时收到工作报告而感到为难，下属会理解并付诸行动吗？

主管有恰当的理由，下属才会按照这些理由去认真汇报。要促使别人自觉汇报情况，首先必须让对方明白做汇报的意义。

你有没有为了批评而批评呢

有些主管不提醒下属做中期汇报，在听完最终汇报后又大肆批评下属，你是这样的吗？

这是发生在某通信服务公司全体职工大会上的事。

主管："你出国出差到底是为了什么？亏我对你寄予了那么高的期望……你交换了几张名片？"

下属："15张左右。"

主管："你太不负责了。既然是出国出差，当然至少要和别人交换100张以上的名片，这种事还用我说吗？！"

主管事前没有做过任何交代，却在结果出来了之后当众批评下属。

当然，没有做中期报告的下属本身存在着一定的问题。但是如果主管能够督促下属进行中期报告的话，下属肯定就会知道有必须交换100张以上的名片的要求了吧。

然而通过这件事，下属只记住了"交换100张以上名片"这句话，并没有意识到自己要端正态度，下次好好做中期汇报。

让我们再看看某市场营销公司主管的话。

主管："明天总公司的部长要过来。请大家对之前的工作做一个总结汇报。有劳大家了。"

下属："……"（这么简单就交代完了？那我也简单汇报一下就好了吧）

有时候，像这位主管这样简单地督促一下并没有什么不好。但是，如果告诉下属汇报的必要性和可信的理由，就能够引导下属做出更有针对性的报告。

如果主管没有给出汇报的明确理由，下属便会自行判断"这种事没有必要汇报"。相反，如果主管能够明确理由，下属就会明白最好将与这件事相关的细节部分都写清楚。

从事电视会议系统销售的日本VTV株式会社的桥本和幸先生就是这样一位主管，因此他的下属也就能够理解汇报的重要性，并准时汇报。

"下周开会要说某某问题，今天可不可以给我交一份调查报告？因为这个问题与营销活动有关，我们要在部门内部进行讨论，做出预算并制订方案，因此需要大家对现场情况进行一个总结并提交上来。"

这样一来，所有下属都理解了主管的目的，明白自己的汇报是对接下来的现场工作有利的事，并会认真做报告。只有当下属了解了汇报的理由，他们才不会敷衍了事。如果只说一句"请给我做个汇报！"很难让别人积极有效地行动起来。

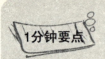
1分钟要点

1分钟内督促下属汇报的要点

【直截了当地告诉下属"希望你做个汇报"】
↓
【明确地告诉下属汇报的理由】
↓
【听报告的时候，要认真听完】

试试这样说吧

"关于某某工作的进展情况，能不能在本月15日交一份中期汇报给我呢？我想在17日的会议上请其他部门协助我们完成这项工作。"

指导业绩胜过自己的自负下属时的注意事项

一味地当头棒喝对公司来说是很大的损失

随着信息技术环境的发展，上司的作用也在发生变化。

过去，下属要从上司和公司上层那里获取工作上必要的信息，而公司管理层要做的只是管理好下属。然而现在，谁都可以通过电脑或公司内部资源搜集到所需的信息和情报。随着信息技术的发展、渗透和应用，在整合搜集到的信息、让它变成有用的技术情报方面，下属可能比上司做得更好。

而管理层要同时兼顾实际操作和管理，时间和精力都很容易分散。与之相比，不需要从事管理工作的下属更有可能做出优异的成绩。

在这种情况下，面对因为业绩比主管更好而变得自负起来的下属，主管会和大家一起妒忌他、疏远他吗？或者，会不会煽动下属之间互相拆台、扯后腿呢？

如果那样做的话就太可惜了，倒不如进一步发掘那个下属的能力，让他为公司做出更多贡献。

下属："这一期的销售业绩我又是第一，简直不费吹灰之力！就算没有别的同事，我一个人也照样可以把我们科的业绩提高好几倍。"

主管："不要老想一个人当老大！要团队合作！"

如果不对下属做出的优异成绩和对公司的贡献进行表扬，只像上面这样狠狠地斥责他，下属可能会变得更加喜欢单干，或者选择跳槽；也有可能因此熄灭工作热情，变成一个被动待命的人。无论发生哪种状况，对于公司和你来说，都是一种损失。

与其批评这样的下属，不如发掘他其他方面的能力，并让他做出更好的业绩。毕竟，碰到一个既有能力又非常有干劲的下属是非常难得的。

引导下属都变得"自负"

下属："这一期的销售业绩我又是第一，简直不费吹灰之力！就算没有别的同事，我一个人也照样可以将我们科的业绩提高好几倍。"

主管："嗯，我已经知道了，很不错。为了这个成绩，你在私底下也付出了不少努力吧。我希望你能发挥这方面的才能，带领我们科所有人提高业绩。这样你自己也能得到锻炼。你是怎么做到的呢？可以跟我们分享下你的想法吗？"

主管首先要对他取得的成绩表示肯定与赞扬，并告诉他，你还希望他能做到什么，也相信凭他的能力一定能够做到。从而让他意识到，他的这种能力对于团队和他个人的成长都有帮助。

自负的下属不管什么时候都比别人更有自信，更有激情。如果知道自己被寄予厚望，他会越干越起劲。

不要挫伤那些自负下属的锐气，要借用这个非常自信的下属的力量，让所有下属都变得"自负"起来。试着抬高他，告诉他："要提高其他组员的能力，也非你不可。"自负的人都有一个特点，那就是对于"非你不可"之类的词语毫无抵抗力。

让自负的下属变得更"自负"，也是身为主管的你的一项职责。

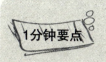

1分钟内充分发挥自负下属长处的要点

【赞扬他的业绩】

↓

【提出更高的期望】

↓

【倾听他对于团队（组织）发展的看法】

试试这样说吧

"我知道你这次业绩又是第一，很不错。为了这个成绩，你在私底下也付出了不少努力吧。我希望你能发挥这方面的才能，带领我们科所有人提高业绩。这样你自己也能得到锻炼。你是怎么做到的呢？可以跟我们分享下你的想法吗？"

让不愿参加会议的下属提高参与意识

认为"不管我参加不参加会议都照样开"是问题之一

我曾经主要从事培养有效利用会议的人才的工作。通过对各种企业会议的情况进行调查，我发现很多主管都因为下属缺席会议而感到头疼。主管本想通过会议将议题的决议及相关的本部门职责或者待定事项的跟进情况等告诉大家，然而下属却自顾自地不参加会议，优先处理其他工作。

原因之一就是：即使是高效率的有意义的会议，无论下属缺席与否，会议都会如期进行。

没有哪位主持会议的主管会说："因为某某没有到，我们的会议不能开始。"因此，除非确定自己要在会议上发言，否则下属意识不到自己参加会议的必要性。他们往往会把自己的工作放在首位，不去开会。

人这种生物，只有被他人需要时才会有动力，如果觉得没什么人需要自己，也就提不起干劲了。你不也是这样吗？

话说回来，在批评下属不参加会议之前，身为主管的你有没有以身作则呢？你是不是一边抱怨"啊，又开会呀……"，一边不情不愿地跑去开会呢？

你的这种态度会让下属觉得会议耽误工作。只有身为主管的你真正认识到会议的作用，积极参加会议，才能提高下属的参与意识。

也就是说，主管要做的是把下属在会议上起到的作用告诉他们。你有没有这样做呢？

我曾经参加过一些会议，却完全没明白参加它们有什么意义。仅仅因为主管让我去参加，我就去坐在那里而已。心里明明惦记着其他工作，却要呆坐在会场上，实在是如坐针毡。我在这个会议上到底起到什么作用呢？只是为了凑数吗？我不参加应该也没关系吧？这样想了之后，凡是觉得和自己没什么关系的会议，我都能逃则逃。所以我很理解那些不愿参加会议的下属的心情。

日本电气股份有限公司（简称日本电气或NEC）运营的商务信息网站的"会议实况"栏目进行过一次问卷调查，主题是"你认为要充实会议，最重要的是什么？"调查结果显示，近半数的人认为与会人员的当事人意识最为重要。也就是说，参与意识是最重要的。

主管没有明确地将会议的目的传达给下属，下属就会认为会议与自己无关，只要露个脸就可以了。也就是说，下属没有参与意识。因此他们会优先处理自己的工作，逃避集体会议。

主管："某某，请你出席本周五的会议。我想请你打听一下材料科希望其他部门协助他们做哪些工作。周一我们会以此为基础在全科室展开讨论。我很期待你的报告哦。"

下属："好的，交给我吧！"（被寄予期望啦！）

会议通知上一般都会事先说明会议的主题和目标，但是大多数情况下都不会说明下属参与会议的作用是什么。主管应该明确告诉下属，希望他通过出席会议获得哪些信息，这些信息将被如何运用。这样的话，下属就会明白自己参加会议的作用。

另外，请将你的期待告诉下属。被主管寄予期望，下属就会觉得自己受到了重视，参与意识也会随之增强。这样能够提高下属的工作热情。

从事网络调查的因特威亚德株式会社的市川敬之先生总是不忘在会议前告诉与会下属参加会议的目的，并在会议结束后督促下属做会议报告。

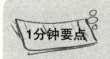

1分钟内督促下属参加会议的要点

【告诉下属出席会议需要获得哪些信息】

↓

【说明将如何有效利用搜集到的信息】

↓

【表明对下属的期望】

试试这样说吧

"某某，请你务必出席本周五的会议。我想请你打听一下材料科希望其他部门协助他们做哪些工作。周一我们会在此基础上在全科室展开讨论。我很期待你的报告哦。"

1分钟搞定谈话：两面法

■ 结果法

1. 要求、提案

2. 积极面

3. 消极面

4. 变消极面为积极面的方法

5. 要求、提案

■ 例：对缩短公司名称这一提案表示赞成时

我赞成变更公司名称。

我认为缩短公司名称可以让顾客更容易识记，从而让更多的人知道我们公司。

的确，老客户可能会不习惯公司的新名称。

但是没关系，这个问题是可以克服的。缩短公司名称反而会让其变得更加简单易记，因此只要我们进行广泛的宣传，客户应该很快就会习惯。

因此，我赞成变更公司名称。

在说明时不仅考虑积极面，也提出消极面，可以增强说服力。这就是对积极面和消极面都加以说明的两面法。

第 **3** 章　**分配工作其实很简单**

礼貌的请求和感谢能让下属积极面对休息日加班

绝不能认为"下属来加班是理所当然的"

遇到紧急情况，需要下属在休息日加班的时候，你会怎样提出要求呢？

一般来说，员工在休息日都有自己的安排。如果下属提前知道要加班的话，还可以调整日程安排，但是如果突然接到通知，就很难爽快地答应了。尤其是下属可能已经计划好了去旅行或去看演唱会，要取消预约还需要花一笔手续费，而且取消后也许就再也没有机会去了；也有可能一家人已经计划好了全家出游，却因为突然的加班使全家人来之不易的天伦之乐化为泡影。

但是，如果主管提出要求的方式得当，下属也可能会欣然接受。反之，下属也许本来并没有什么特殊的安排，却因为你的方式不当而断然拒绝。

你有没有见过那种不考虑下属的安排就强行要求下属来加班的主管呢？

主管："这周六下午1点有客户要来。到时候你来给我们说明下那个资料。"

下属："这周六吗？"

主管："是的。有什么问题吗？"

下属："那一天我已经有约了……"

主管："那也没办法，工作要紧。你这样的工作态度怎么能出人头地啊？"

如果主管这样说话，下属根本就不会心甘情愿地调整日程来加班。

也有一些主管会说"来不来都行，你自己决定"，把选择权交给下属。然而如果下属真信了这句话，说"对不起，我已经有安排了，不能来加班"拒绝了主管，就难免会在日后被主管唠唠叨叨教训。

既然你已经把选择权交给了下属，又是来不来都行的事情，下属完全可以不来加班。如果日后因为这件事而教训下属就是你的不对了。可能大多数主管都自以为不会那么做，但是请回顾一下自己的言行。真的是这样吗？

勉强加班的下属会在感受到你的谢意后改变情绪

某位女性药剂师在快要放假前接到指示，主管让她去参加某个学术会议。虽然已经安排好了假期活动，但她也明白这是没有办法的事情，所以就勉勉强强答应了。但在主管真诚地说了句"非常感谢"后，她就怀着非常愉悦的心情去参加了。

也就是说，虽然要求下属加班时，他往往会勉勉强强不太愿意，但是只要主管真诚地表达谢意，他最终还是会积极接受的。

食品包装制造商吉村纸业株式会社的斋藤润先生是员工心目中的理想主管。因为他请下属工作的方法非常直接但又体贴。

"某某，到了这个时候才通知你休息日来加班，实在不好意思。这个礼拜天能不能来加一天班呢？已经谈好要帮助他们做特别展销会的某某公司说又有一件事要我们协助，特地过来商谈。这个客户以前是你负责的，我想你对他们的情况比较熟悉，所以拜托给你了。谢谢！真的非常感谢！"

他不仅会礼貌地提出请求和表达谢意，连理由也说得非常清楚。这是主管们学习的榜样，他也在以身作则对员工进行教育。

既然需要下属变更自己的假期安排来加班，上司就要采取让下属觉得舒服的请求方式才行。

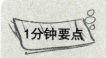

1分钟内请求下属假期加班的要点

【礼貌地提出要求】

↓

【说明需要加班的理由】

↓

【表示感谢】

试试这样说吧

"不好意思，这周日可以过来加班吗？一直由你负责的某某公司要开特别展销会，所以我想请你来协助他们。非常感谢！"

协助下属获得带薪休假

管理好员工的休假也是主管的工作

直至今日，仍有一些主管认为带薪休假要在身体不舒服不能来上班的时候使用，不批准下属提前请假。但是带薪休假并不仅仅是在生病时才能申请的。当员工申请带薪休假的时候，原则上是不允许拒绝的。如果主管自己不喜欢申请带薪休假就不允许下属申请，是极其荒谬的一件事。

虽然中小企业和大型企业在带薪休假制度上存在一定差别，但是对于努力提高每年带薪休假使用率的公司来说，主管带头督促下属休假是很有必要的。

来听我课的学生中有人说，"在我们公司很难请到假"。仔细询问之后才知道，因为他们的主管不休高温假，坚持来公司上班，所以下属也不好意思休高温假了。然而，这种不管理、不关心下属休假的主管，一到年末就会因为人事处的催促而急急忙忙要求下属休假。

主管："人事处每天唠叨个不停，你可不可以快点把休假休完？但是休太多假我这边事情又忙不过来。这样吧，就算你休了，每天上午还是过来上班吧。"

下属："不行啊，这个月我特别忙，不能休假啊……"

大家有没有碰到过这种情况呢？

在熟悉下属工作内容的基础上协助安排休假

某个制药公司的主管对女员工说："不能有计划地休假证明你这个人没有能力。要像我一样，工作的同时也注重生活才行。"这种不关心下属的工作内容，随意让下属休假回家的主管是会被下属讨厌的。

如果工作都在自己的能力范围之内，有计划地休假倒还容易，但是工作中总会有很多突发状况，让人无法想休假就休。如果主管了解这些状况，就不会说出上面这种话了。他这样说只能说明，主管对于下属的工作是多么不关心。

如果下属工作能力确实不强，主管就应该发掘并不断提高下属的能力，协助他安排带薪休假的时间。

对于那些比其他同事休假少的下属，可以像下面这样和他商量。

"你这段时间没有申请带薪休假吧？我明白，你工作确实很忙，但是人有时候也要适当地放松下身心哦。为了更好更轻松地工作，要好好休息，放松放松哦。"

这些话会让下属觉得主管确实在关心自己，也会想要跟着这位主管更加努力地工作。

当然，在告诉下属休假的必要性的同时，主管自己也要能够合理休假，转换心情。

对于那些因为工作原因不能休假的下属，主管要和他一起想办法，协助他休假。另外，对于已经计划休假却因为工作太忙而不得不改变计划的下属，主管要主动道歉说"很抱歉没有安排好工作"，并帮助下属考虑下次休假的时间。

1分钟内劝说下属带薪休假的要点

【对下属工作繁忙表示理解】

↓

【告诉下属转换心情的重要性】

↓

【一起思考怎样安排带薪休假】

试试这样说吧

"你最近没有申请带薪休假吧？我明白你工作确实很忙，但是也要适当地放松下身心。这样工作可以做得更好哦。我们一起想想怎么安排时间休假吧！"

要求下属加班前仔细斟酌必要性

有计划地安排工作可以减少六成的加班

作为主管，我们有时候也会面临必须要求下属当天紧急加班的情况。晚上加班的要求会打乱下属当天的计划，所以当天原本有安排的下属可能很难调整。

我原本认为，工作日为了加班而牺牲个人安排也是理所当然的。如果傍晚时接到主管指示说"明天之前把这个做好"，我就会取消下班后的全部安排，即使干个通宵也要完成工作，对此从没有怀有任何疑问。

所以在我当上主管之后，即使快下班的时候，我也会理直气壮地要求下属"这个，明天之前做好交给我"。我以为，只要我提出要求，下属肯定会加班做好。

然而有一天，下属的不满情绪爆发了。他告诉我，
"冲本小姐，你很热爱这份工作，所以你干得很开心，
但我仅仅是为了赚钱才做的，下班后的时间我想做自己
感兴趣的事。"

听到这番话后，我降低了对这个下属的评价，认为
这个人对工作完全没有热情，是个没有责任感的人，不
值得信任。

然而在那之后我发现，很多人其实怀着和他相同的
想法。直至此时我才意识到，加不加班并不是谁对谁错
的问题，只是每个人对工作的理解不同罢了。

从此，我改变了"加班是理所当然的"这种想法。
重新审视团队的工作后我发现，如果有计划地安排工
作，就能减少六成的加班。所以即使在所谓的紧急情
况下，我也会再三考虑加班的必要性。以前有些事我认
为必须马上加班完成，现在我会考虑下是不是真的有
必要，如果明天做也来得及的话，那就明天做。你会发
现，也许有些事并没有必要非今天完成不可。

如果真的有必要加班，也不要用理所当然的命令语
气来要求下属留下，而要用请求的态度。这是上班时间
以外的工作，如果主管摆出一副理所当然的态度命令下

属，对方肯定不会好好干，只能是敷衍了事。

敷衍了事的工作不会出成果

其实身为主管的你不也是一样吗？盼了一年，花了两万日元好不容易买到了非常喜欢的歌星的演唱会门票，但就在你准备出发的那天傍晚，上司突然说"明天早上之前把这个做好给我"，害得你看不成演唱会，你会怎么想呢？你还能很高兴地做好那项工作吗？

破坏了对方的心情，对方当然不肯为你拿出成果了。

若非紧急、重要的情况，请尽量让下属按时下班，这样，他们能在工作时间内更加集中精力，好好工作。实在必须加班的时候，要用带有歉意的态度请求下属。

"非常抱歉，今天你可不可以加班呢？因为今天会议上突然决定要在明天中午之前将具体业绩资料发给所有员工，明天上午10点我必须全部整理好，所以我想让你帮我搜集数据。今晚我还有别的工作，抽不出时间……真是不好意思，你可以帮我忙吗？"

一定要拿出令人信服的理由，向下属说清楚，为什么非要加班来完成这项工作。不能简单说句"明天之前给我做好"就完事。如果下属理解了加班确实是有必要的，他也会积极配合的。

1分钟要点

1分钟内请求下属加班的要点

【用带有歉意的态度提出加班请求】

↓

【说明加班的必要性】

↓

【征求下属的意见】

试试这样说吧

"非常抱歉，今天可不可以请你加个班呢？因为今天会议上突然决定要在明天中午之前将具体业绩资料发给所有员工，明天上午10点前我必须全部整理好，所以我想让你帮我搜集下数据。今晚我还有别的工作，抽不出时间……真是不好意思，你可以帮我忙吗？"

弄清下属加班的原因

你的一句话会影响下属加班的工作热情

如果你自己下班的时候，还有下属有工作没完成留下来加班，或者发现有些下属最近经常加班，你会对他说什么呢？

这时候主管的一句话会极大地影响下属的工作热情以及他对主管的信任感。

"加班这么多，是不是工作方法不对啊？"

"某某，这个月赚了不少加班费啊！"

"某某，你是下班后才真正开始工作啊！"

即使你是半开玩笑地说了这些话，也很有可能打击下属的工作热情。同事之间调侃也就罢了，上司说出这些话就不太妥当了。

其实严格说来，大多数的加班都是由于主管不关心下属的工作方式，不能很好地把握下属的工作进度而造成的。加班本应该是由主管决定，由下属执行的。默许下属的主动加班，其实是一件很不正常的事。

你搞清下属加班的原因了吗？

有时候，主管会一边提醒下属，"某某，人事部门反映你加班太多了，你要注意别加这么多啊，不然我就要挨批了。"一边却还给下属分配新任务，"对了，明天傍晚会议要用业绩数据资料，请在明天中午之前汇总给我。"如果主管提醒下属少加班，只是因为担心下属加班过多而影响上面对自己的评价，就是一种利己主义的表现。而且他没有意识到，自己缺乏计划性的工作分配方法正是造成下属加班的原因。

加班是下属没有在上班时间内完成自己的工作而导致的。主管不仅要看到这一"结果"，还应该掌握加班发生的"原因"。如果主管等人事处批评了下属加班多之后才意识到这一点，就是一位不够格的主管。

我们应该以"下属加班过多，都是主管的责任"为原则。

日本电视台"人事学校"栏目的主办人、人事顾问西尾太先生也说过："加班应该是公司（主管）要求的，而不应该是员工本人主观判断的。有没有必要加班，必须由上司作出决定。上司一定要对事情的紧急程度和重要性进行判断，想清楚下属到底需不需要加班。"

如果下属加班是因为工作能力不够，主管就有责任培养下属的能力。如果是因为工作量太大，就要考虑让其他人分担工作，或者改进工作方法。

用恰当的交流方式解决加班问题

减少加班的关键在于，主管和下属共同思考加班的原因和解决方法。

"某某，你一直都很努力啊，非常感谢。但是工作做不完可能要加班的时候请提前告诉我好吗？我们可以一起思考工作的进度，尽量避免加班。"

以这种方式和下属说话，下属会比较容易接受。首先肯定下属的努力，他就会觉得上司比较容易沟通。当下属告诉你可能要加班才行的时候，主管可以和下属一起思考工作方法是否有问题，帮助下属成长。双方甚至可以以此为契机加深理解。这是促进上下级之间交流的绝佳机会。

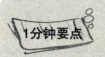

1分钟内帮助下属减少加班的要点

【认同下属努力的态度】

↓

【告诉下属，工作做不完的时候要提前告诉主管】

↓

【一起思考应该如何安排工作】

试试这样说吧

"你一直都很努力啊，非常感谢。工作做不完可能要加班的时候请提前告诉我。我们可以一起想办法。"

理解公司的方针，领导下属做好工作

检视你的行为是否符合公司的方针

身为主管的你，了解公司的方针政策吗？

说来惭愧，提出这个问题的我，以前在公司上班的时候虽然当了个主管，却并不关心公司，完全不了解公司的方针政策。唉，别说了解了，我甚至根本不知道公司还有"方针"这回事。

因此，我总是自说自话地按照自己喜欢的方向推进工作，经常与上司发生冲突，也从没有为下属指明方向，导致大家各自为营，行动也不一致。这让我非常生气，纳闷为什么大家不按照我说的做呢？

现在想来，如果主管不了解公司的方针，组织成员当然就很难团结一致了。主管是连接公司和下属的桥梁。主管有必要在理解公司方针的基础上引导下属向那个方向发展。

我在对某公司的员工进行单独指导时，有位主管跟我感叹道："我每天都跟下属宣传公司的方针，可是有些下属就是不按照这个方针办事。"

然而当我问那个下属的时候，他坚持说："我认为我是按照公司的方针办事的啊。"

仔细询问后我才明白，那个主管所谓的宣传公司方针，只是每天早晨让下属诵读，并没有给下属详细解释方针的内涵。所以下属在工作时也就按照自己的理解做事。难怪大家会各持己见，认为自己才是正确的了。

主管不光自己要理解公司的方针政策，也要让下属理解。在此基础上，再一起检验现在的行为是否符合公司的方针，并让下属意识到，在哪方面偏离了方针。

有偏差就要具体指正

某医疗器械制造商的员工断言自己的主管并没有理解公司的方针。他觉得，被这种主管警告说"你想想公司的方针"，真是比窦娥还冤。

主管："我明白你的意思。但是说过多少次了，部长让我们按照公司的方针做事。"

下属："我是按照公司方针做的啊……哪里不符合，怎么不符合了？"

主管："我都说过多少遍了！这种问题你自己不会想吗？"

下属认为自己的行为符合公司的方针，并不清楚哪里不符合、怎么不符合了。这不是主管用一句"你自己想"就能解决的问题。如果不具体说清楚究竟是哪里、怎么不符合公司的方针，下属就无法改善工作方法。

"我明白你为什么这么做，只是我觉得你的做法和公司的方针有点出入。所以，我们再来一起对照一下你的行为和公司的方针吧。"用这样的语言引导下属是主管的职责。

食品包装制造商吉村纸业株式会社的鹫野智昭先生在发现下属的行为和公司的方针有偏差时，绝不会置之不理。他会询问下属采取那样的行动是出于什么原因，并对下属的自主行为予以表扬。接着，他会指出这种自主行为中与公司方针政策有偏差的地方，一起探讨对公司方针的理解。他不断和下属进行沟通交流，直到下属真正理解了方针并改进工作。因此，下属在工作中不会对自主行动有所顾忌，可以放心开展工作。

主管的职责是客观地看待事物，对于方向错误的下属，要引导他们进行调整，按照公司的方针政策推进工作。

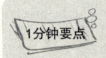

1分钟内让下属意识到公司方针的要点

【对下属的行为表示理解】

↓

【让下属重新认识公司的方针】

↓

【一起想办法，按照公司的方针行动】

试试这样说吧

"我理解你的做法。但是我们还是要再来探讨一下公司的方针，然后再一起看下你的行为和这个方针有没有出入，好吗？"

让下属代替出席会议时的注意事项

没有什么只要坐在那里就可以的会议

因为有急事无法出席原定的公司会议时，你可能会让下属代替你出席。这种时候，你该怎样委托下属呢？

请想象一下下面这种情况。

主管："不好意思，下午5点开始的那个会议，请你代替我去参加下。交给你了。"

下属："啊，我该做些什么呢……"

下属还没说完，主管却已经跑得没影了。下属只能中断自己手头的工作去了解会议内容，弄得不得不加班来完成中断的工作。这是一个不与下属共享信息、自说自话的主管。

另外一些主管的做法也有问题。他们告诉下属：

"请代替我去参加会议。你坐在那里就行啦。"

代替出席的下属会信以为真——"这样啊，原来我只要坐在那里就行了。"他会像上司说的那样坐在那里一言不发。这时候，如果会议上主持人偏偏点名问："这个问题你们部门是怎样计划的？"下属就只能慌慌张张地回答："啊，那个……今天主管有急事，所以让我代替他来开会，我完全不了解情况。我只是代替他来开会而已。不好意思……"

这位下属原本只是代替主管开会，以为坐在那里就可以，却遇到了这么一桩倒霉事。这样的突发情况不仅会降低他人对主管的评价，也会连累到对这位下属的评价。

"与会者只要坐在那里就可以的会议"说白了就是根本没有必要开的会。会议是需要全体与会者共同参与的。也许有人会觉得，下属怎么能真的按照上司说的去做呢？但是当今社会仍然是非常重视上下级关系的，对于上级的命令照单全收、不加消化，也是情有可原。主管既然说"默默地坐在那里就好"，下属照着做就没有错。他可不愿意事后被人说是多此一举。

因此，主管有必要把会议的相关事宜告诉下属。虽然只是代理人，但下属是代替你去开会，所以有必要告诉他会议的目的和目标，明确与会者的职责。

知道目的和职责后，下属就能带有自主性地参与

我也曾代替主管去参加过一些会议，但常常是人坐在那儿，对会议的内容却一头雾水。于是我开始思考，"出席这样的会议时，我该怎么做才好呢？"可是怎么想，我都觉得这会与我无关。

会议结束后我问主管："您让我出席那种会议，是需要我做什么吗？"主管回答道："啊，没什么，只是想让你听听而已。"

"啊？"我在心中默默地喊道，"这么忙的时候居然浪费我的时间……"

另外，他没有告诉我自己突然不能去参加会议的理由，只是命令我去开会。这也让我在感情上很难接受。所以，主管首先应该把理由告诉下属，并告知会议主持人。

下属既然代替主管参加会议，就是会议的参与者。

主管在委托时要明确会议的目的和目标，并说清楚他的职责。而且要尽可能早地告诉下属，让他做好事前准备。这样，即使是紧急情况，下属也能心里有底。

"某某，不好意思，下午的那个会议你可以代替我去参加吗？我要为昨天的发货错误去跟客户道歉，所以没办法参加。会议的主要目的是某某，目标是某某。这正好是你擅长的领域，所以我想请你去说服其他的与会者。"

像这样把与会者的职责告诉下属，下属会觉得"参加这个会议非我莫属"，就能够积极地接受你的委托了。

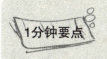

1分钟内委托下属代替开会的要点

【直截了当地委托】

↓

【告诉下属你不能亲自参加的理由】

↓

【传达会议的目的、目标，与会者的职责】

试试这样说吧

"某某，下午的那个会议，可以请你替我去参加吗？我要为昨天的发货错误去跟客户道歉，所以没办法去。今天会议的主要目的是某某，目标是某某。这正好是你擅长的领域，所以我想让你去说服其他的与会者。"

1分钟搞定谈话：追溯原因法

■ 追溯原因法

1. 要点、结论（Point）

2. 理由 （Reason）

3. 具体事例（Example）

4. 要点、结论（Point）

■ 例：针对提高盒饭店营业额的方法，提出附赠布丁的方案。

为了提高盒饭店的营业额，我提议每个盒饭附赠一个布丁。

为什么呢？因为女性不仅喜欢甜品，而且对"赠品"这个词没有抵抗力。再加上送布丁对预算没有压力。

举个例子吧，隔壁街道的一家盒饭店因为附赠小点心，营业额提高了三成。

因此，为了提高盒饭的营业额，我提议每盒附赠一个布丁。

陈述完结论后用一个"为什么呢？"引出理由，称为追溯原因法。专业术语中称为PREP[1]法。

---

[1] 即结论（Point）、理由（Reason）、具体事例（Example）、结论（Point）。

第 **4** 章　当一名会倾听的上司

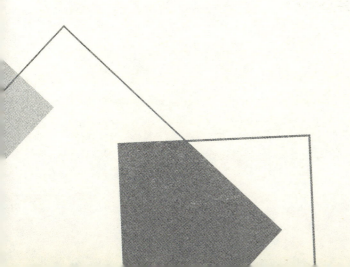

耐心听取下属的新提案

一旦打击了下属的干劲，他就会变成被动待命的人

最近我经常听人说，想要招纳能够主动思考、主动工作的自律型人才。但是即使下属真的是个能够主动思考、主动工作的人，如果碰到一个喜欢打击下属干劲的主管，好不容易招纳到的自律型人才也会退化成被动待命的人。

按照指示按部就班地行动无疑是最稳妥的。所以大部分人即使发现问题也不想管，不愿自找麻烦。

下属之所以没有指示就什么都不做，即使会做也不做，原因之一是"评价"。主动地去做一些工作，做得好当然最好；但是一想到失败的风险，人们往往会觉得还是什么都不干比较好。这样，至少不会降低别人对自己的评价。

我曾经建议周围的同事说："我觉得这项工作的流程比较难执行，我提议今后我们还是改进一下流程吧。"然而一位同事反驳道："啊？算了吧，就这样很好啊。就算你提议，主管也不会听你的，只会嫌麻烦，提了也白提。别管这事了，反正他说什么你做什么，又不会扣工资。"

类似这样的事情很多。例如：

下属："头儿，我认为我们和其他部门之间的资料审核流程有点过于复杂和浪费了。我算了下，如果改善流程，一个月大概能减少40个小时的工作量呢！您可以听听我的看法吗？"

主管："啊？我现在很忙，没有时间听你说那些。你有空就帮我做做这些事吧。"

下属："所以说让您改善下资料的审核流程嘛，那样您也不至于这么忙……"

主管："你怎么这么烦人啊。也许这确实是个好提案，但是我觉得现在这样也挺好。不要再跟我啰嗦了，等哪天换了主管你再跟他提吧。不要没事找事，麻烦死了。"

难得下属意识到了问题还进行了深入的思考，并向主管提出了建议，主管却不愿意认真听，甚至还说他烦人，这会让下属心里怎么想呢？他也许会觉得，新方案如果没有做好的话，反而会影响主管对自己的评价。这样一来，他就再也不会思考新的问题了。

主管的这种态度无疑会打击下属主动思考、主动工作的积极性。导致下属认为，上司说什么就做什么的工作态度最为稳妥。所以下属提出的提案再怎么微不足道，主管也要首先肯定他主动思考、主动工作的态度，并让他保持挑战的热情。这一点尤为关键。

在刚才的例子中，善于保护下属积极性的主管会这样回答——

下属："头儿，我认为我们和其他部门之间的资料审核流程有点过于复杂和浪费了。我算了下，如果改善流程，一个月大概能减少40个小时的工作量呢！您可以听听我的想法吗？"

主管："改善业务的提案吗？你很用心啊。这种积极的工作态度也很了不起。跟我说说你的具体想法吧，我很感兴趣。我也会帮你出点子的。"

即使这个提案没有被采纳，下属也还是能够保持积极思考的热情的。今后意识到什么问题的时候，他还是会向这位主管提出建议。

提供食品加工机安全保障服务的铃茂器工株式会社的菊间弘志先生说过下面这番话：

"我会和下属一起思考他的提案。只要弄清楚问题的本质和目的，总有办法解决的。不管什么样的提案都要认真听，放在心上。这样可以促使下属养成主动思考、主动工作的习惯。如果上司都不用心，下属自然也不会了。"

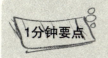

1分钟要点

1分钟内培养主动思考、勇于提议的下属的要点

【表扬勇于提议的行为】
↓
【对提案内容表示关心】
↓
【告诉下属一定会研究探讨】

试试这样说吧

"谢谢你的提议，你很用心啊。我对提案的内容也很感兴趣，请你详细说给我听听，我想好好研究下这个提案。"

关心下属的私事体现主管的人性化关怀

做到最低限度的关心

我在公司工作过很长一段时间，后来也因为研修讲师、顾问等工作，和各种各样的主管打过交道。

在此期间，我也遇到过一些令人难以置信的事情，其中一件就是对待下属的红白喜事的态度。特别是当下属的家人、爱人突然遭遇不幸时，如果主管处理不当，下属甚至会怀疑主管的人品。

下属："头儿，早。我的公公昨晚去世，今天我不能来上班了，想跟您请个假，给您添麻烦了。"

主管："请节哀顺变。你是长媳，应该很忙吧。对了，那明天你会来上班吧？"

下属："……（无语）不行啊，明天我还在爱人的老家呢，我得请3天的丧假。"

主管："啊，要休3天？这可不好办呀……○○的资料呢？还有△△的资料，都弄好了吗？"

下属："○○的资料我已经交给您了啊。△△的资料要下周一交，应该来得及的……"

别露出难以置信的表情，这种谈话是真实存在的。我第一次听到时眼睛都瞪圆了。经过这次谈话后，那个下属就默默发誓："以后在这个主管手下，只把他命令的不得不做的工作应付过去。"对这种主管所在的公司也不再信任了。

明明知道下属家中发生了不幸，而且她还是长媳肯定会很忙，主管却不愿意爽快答应公司规定的3天丧假，在这种人手下工作，平常请假肯定就更难了。

过度关心会起到反作用

多管闲事、过分干涉下属隐私的主管也会让下属很头痛。

下属："头儿，早。我的公公昨晚去世，今天我不能来上班了，想跟您请个假，给您添麻烦了。"

主管："请节哀顺变。估计你这段时间会很辛苦哦。两年前我家也是一样的。话说回来，老人家走得很突然啊，是什么时候生的病？做手术了吗？是哪个医院的医生做的？医院的选择很重要啊……（没完没了）"

下属："……（要说到什么时候啊？我还有很多事急着去办呢。这种事根本没必要跟主管说啊！我现在心情郁闷得很，根本不是聊这些的时候……）"

下属家遭遇不幸，心情悲痛，而且有很多事要办。这种时候还被没有眼色的主管一个劲地追问，简直是给人添堵。主管说这样的话，甚至会破坏上下级之间工作上的信任。所以主管不要过多地干涉下属的隐私，简单地询问与工作有关的情况就好。

另外，下属此时心情肯定不好，所以主管要宽容，告诉下属"丧假时间不够的话多休几天也没关系"。我们要努力成为一个能用这种态度应对类似事件的主管。

下属："头儿，早。我的公公昨晚去世，今天我不能来上班了，想跟您请个假，给您添麻烦了。"

主管："请节哀顺变。有3天丧假，工作的事请别担心。有没有什么急事需要我帮忙？公司这边的手续我来帮你办，等葬礼仪式的详细情况确定之后再跟我联系下吧。"

　　主管如果能做到像这样体恤下属，那是再好不过了。

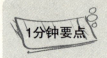

1分钟内关心下属家丧事的要点

【表示哀悼】

↓

【让下属安心休假】

↓

【告诉下属，确定详细情况后再联络】

试试这样说吧

"请节哀顺变。有3天丧假，工作的事请别担心。有没有什么急事需要我帮忙啊？公司这边的手续我来帮你办，等葬礼仪式的详细情况确定之后，再跟我联系下吧。"

倾听和提问，引导下属的汇报简单易懂

一次问太多问题会让下属焦躁

询问下属工作进展情况时，你会采取什么样的提问方式呢？谈话时逼得越紧，对方越无法理解你的意思。

"那件事怎么样了？""哪件事？""你怎么就不明白呢？！"这种对话是最极端的。越是着急的时候，主管越要尽量避免使用"这个"、"那个"之类的指示代词。

"逼得越紧，对方越无法理解你的意思"这句话对于下属来说也是同样。下属火急火燎地做出的报告可能会艰涩难懂。这时候，你就有必要通过提问，引导他做出简单易懂的报告。

但是这里要提醒大家注意的是，不要想到什么就问，一次提过多问题。

　　下属："头儿，不、不、不得了了！系统出问题啦。搞不定啊。"

　　主管："什、什、什么？冷静冷静。哪个系统？什么情况？是谁负责的？发生了哪些不良影响？目前是怎么处理的？什么时候的事？预计什么时候可以修复？"

　　主管虽然让下属冷静，自己却表现得比下属更焦躁。接二连三地提出各种问题，只会让本来就着急的下属更加慌乱，很难一次性回答完全部问题。所以主管应该按轻重缓急，逐一地问，让下属可以详细地回答，并且慢慢冷静下来。

　　下属："头儿，不、不、不得了了。系统出问题啦。搞不定啊。"

　　主管："什、什、什么？冷静冷静。哪个系统？"

　　下属："债券管理系统的余额处理部分。"

　　主管："债券管理系统啊。那么，现在具体是什么情况呢？"

　　下属："从8点23分开始无法查询这个月的余额了。销售部抱怨说来不及做下午销售会议的资料了。而且本来预定了今天要打印客户余额确认书……"

主管："这样啊，会影响销售会议和余额确认书的打印吗？那么现在谁在处理？怎么处理的？"

要像这样，一个一个慢慢地问，引导下属把事情汇报清楚。

引导下属像讲故事一样条理清楚地汇报

如果主管的提问是围绕某一个具体问题的，下属就能够整理好思路，有条不紊地回答。但是大多数主管即使一个一个地问，问题也是想到哪里问到哪里，零零散散的，下属很难有条理地回答。有可能下属回答的时候，主管已经忘记自己前面问的是什么了，结果后面又问相同的问题，让对话变得没完没了。

所以，主管应该引导下属像讲故事一样条理清楚地汇报。

主管："某某，关于昨天的会议，我有3个问题想跟你确认一下。第一，可不可以跟我说下会议的决议？"

下属："没问题，决议是……"

主管："谢谢！决议和提案是一致的对吧？那么第

两个问题，留待下次会议解决的问题是什么？"

像这样一个一个、有条不紊地解决问题的心态是很关键的。

交流综合研究所的代表理事松桥良纪先生可谓是提问艺术的达人。他说："重复提问只会让对方更加混乱。这会变成精神上的逼问，让下属畏惧，无法正常发挥。所以要想提高主管的表达能力，首先必须磨炼主管的提问技巧。"

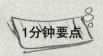

1分钟内引导下属做出简单易懂的汇报的要点

【总结需要汇报的要点】

↓

【一次只问一个问题】

↓

【等下属回答完毕后再问下一个问题】

试试这样说吧

"某某，关于昨天的会议，有3个问题想跟你确认下。第一，可不可以跟我说下会议的决议？"

出现问题时不如先让下属思考对策

首先肯定下属鼓起勇气报告的态度

假设下属在工作中遇到了难题，慌慌张张地跑来向你报告，你会说什么呢？又比如说，你作为下属，看到主管对他的上司或者客户说"我完全不知道出问题了啊……"时，你会是什么心情呢？

政客们经常说："这是秘书干的，我并不知情。"这些人是明明知道却假装不知，还是真的不知道呢？我们无从判断。但是客观来说，如果主管不知道下属的行为，那么我们完全可以质疑这个主管的能力。

下属："材料没有按时到货，这个月的产量只达到了预期的八成，所以……"

主管："什么？！为什么到现在才跟我说这个？之前

干什么去了？！为什么会搞成这样？到底是什么原因？"

如果主管像这样不分青红皂白地打断对方的话，那么再有问题的时候，下属也许就不会主动向主管汇报了。他可能会自己解决所有问题，等全部结束以后再向主管汇报结果。他会认为，反正说了也要挨骂，不如自己解决，假装什么都没发生，保持沉默。但是如果下属没能解决问题，导致其变得更加严重的话，再汇报就为时已晚了。

这时，主管是不能用一句"我不知道"就敷衍了事的。工作上的问题也许会影响到公司的生死存亡。

所以首先，主管要肯定下属鼓起勇气汇报的态度。说出对于自己不利的事情对任何人来说都是需要勇气的。请你把这种态度与工作上的失败区别对待，肯定下属的勇气。这样的肯定可以防止下属隐瞒过失，即使下次再发生类似的事，他也会马上报告，主管就可以第一时间知晓情况了。

为了防止问题扩大化，越早处理越好

遇到这类问题时，人们往往马上追问原因，"为什么要干这种事"、"怎么会变成这样"。但是听到这些话，当事者的本能反应不会认为这是提问，而是觉得自己正被责骂。他们会本能地保护自己，思考借口。然而狡辩是解决不了问题的。

所以，主管必须首先思考的是现在该怎样解决问题，等问题解决之后再查找原因。

下属："材料没有按时到货，这个月的产量只能达到预期的八成。目前还不清楚原因。我想无论如何先跟您汇报下。"

主管："你能向我汇报，这一点很好。你在为没有达到预期产量而头痛吧。我们先冷静下来想想怎么解决吧。我们可以从两方面打开思路。一是怎样才能达到预期产量，二是怎么用这八成的产量应付过去。等问题解决了，我们再找出问题出在哪里，避免发生类似情况。"

一味地追究问题的责任和原因，会延误解决问题的时机。在最糟糕的情况下，如果不提前将实际情况告诉客户，可能会导致损失不断扩大。

而在优先思考对策的过程中，我们也有可能发现问题产生的原因。总之，主管要先思考对策，然后再对问题产生的原因进行调查，避免出现类似的问题。

　　从事软件开发的知识豆株式会社的寺泽元伸先生在遇到问题时，会将思考对策和追究原因区别开来。他说："对于给客户造成麻烦的事件，最重要的是尽快采取解决方案。等事态稳定后再追究原因也来得及。就我的经验来看，越早采取对策，越能避免问题加重，也就能更快地解决问题。"

1分钟内应对下属报告出现问题的要点

【肯定下属汇报问题的勇气】

↓

【告诉下属冷静思考对策】

↓

【告诉下属，问题解决后，再好好调查原因】

试试这样说吧

"你能向我汇报，这一点很好。出问题了吗？先冷静下来想想怎么解决问题吧。之后，我们也必须想想问题出在哪里，避免发生类似问题。"

通过反问改变被动等待指示的下属

上下级之间的交流是否陷入了被动等待指示的怪圈？

最近经常听到一些当主管的人说，"我希望主管即使不作指示，下属也能够主动思考，主动工作。"

你的下属会被动地等待指示，还是主动地思考、行动呢？

下属："头儿，你让我做秋季新产品宣传的准备工作，从哪里着手会比较好呢？"

主管："啊，你先做好邀请函的发送准备吧。先请各部门在本周内提交客户名单，然后做出一览表，确保在月底前把邀请函发出去。做好这些后你跟我汇报一下，我再给你安排新工作。"

　　如果下属像上面那样请求指示，你是不是也会像例子中的主管那样发出指示呢？下属请求指示→主管发出指示→下属完成指示并进行汇报→下属请求指示→主管发出指示……一旦上下级陷入这样的工作怪圈，就很难走出来了。其结果是，无论是主管还是下属，都会以为工作就应该像这样开展。

一旦尝到被动等待指示的甜头，下属就不会主动思考问题了

　　下面这种情况也是比较常见的。

　　下属："各部门提交的名单已经整理好啦。下一步该怎么办？"

　　主管："哦……咦？怎么回事，这次量怎么这么多啊？这个地方……你没有检查重复的名单吧！你自己不觉得有问题吗？你就不能自己动动脑筋吗？你来公司都快3年了……"

　　这是主管不断发号施令的例子。其实本小节第一、第二个例子中的主管原型都是以前的我。当时，即使我问下属："你做这个工作的时候有没有意识到什么问

题？"他也只会回答："没有。"

对于下属来说，按照上司指示的"做下那个，搞下这个"来行动的话，就不用自己费脑筋思考，工作很"轻松"。一旦体会到这种轻松的感觉后，下属就再也不会主动思考问题了。他们认为，只要按照上司的指示去做就不会出错，即使错了，那也是发出指示的上司的责任。因此，在只会发号施令的主管手下工作，下属不会产生责任感，也很难成长为主动思考和行动的人。

本小节的开头部分提到，很多主管希望即使自己不发出指示，下属也能主动思考和行动。但是在实际工作中，他们中的大多数人却像过去的我一样，过度地发号施令。现在也请你回顾一下自己每天的言行举止吧。

在提供先进人事解决方案的优势风险管理株式会社工作的神林基先生说过，要尽量避免过快地向下属提建议或发出指示，要反问他们"你认为怎么做比较好？"有意识地让他们主动思考、主动行动。

下属："头儿，关于秋季新产品宣传的准备工作，我想在下周前做出受邀客户一览表，你觉得可以吗？"

主管："你在考虑秋季新产品宣传的准备工作啊，很好！先做受邀客户一览表吗？那你对名单重复这个问题有没有什么解决方法呢？”

主管首先要对下属主动思考和行动的积极性给予表扬。如果下属的想法有误，就通过提问让他意识到其中的疏漏。

主管的职责并不是一味地发号施令。为了培养下属自主自律的工作态度，主管必须敢于适当地不发出指示。

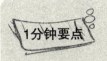

1分钟内改变被动等待指示的下属的要点

【表扬下属主动思考的工作态度】

↓

【整理下属的想法】

↓

【针对下属的想法进行提问，让他仔细思考】

试试这样说吧

"你在思考宣传活动的准备工作啊，很好！先做受邀客户一览表吗？我觉得按照你说的方法来做，肯定会出现名单重复。关于这个问题，你有没有什么解决方法呢？"

挽留想辞职的下属

切忌招致误解的挽留方法

终身聘用的时代已经过去了，当今这个时代，员工跳槽是常有的事。聘用应届生会耗费很大的财力，因此很多公司都倾向于社会招聘，以获得有工作经验、能够立即成为战斗力的员工。同时，公司主管们对于下属辞职的抵触也在渐渐消失。

身为主管，不免会遇到下属想要辞职的情况。

大部分主管都认为，既然下属说出了想要辞职这种话，肯定是经过深思熟虑的。因此大多数主管会尊重下属的意思，批准辞职，不会挽留。但是如果这位下属的辞职对公司来说确实是一种损失的话，你该怎么办呢？

下属："头儿，我想辞职……"

主管："你这样的人到哪里都一样，不会出人头地的。就老老实实待在这里吧。"

你有没有像这样不问辞职的理由就对下属进行全盘否定，企图以此挽留他呢？也许你说"到哪里都一样"是出于对他的喜爱，但这是一种极易招致误解的说法。如果因此让下属产生误会，他就更不愿意留下来了。

下属希望能在需要他的地方工作

对于有些想辞职的下属来说，如果公司能够积极改善一下的话，他们可能就没必要辞职了。每个人都有自己工作的目的，如果在这个公司能够实现他的目的，他就会非常积极地工作。公司在讨论建设的新项目，或许有些内容正好是这位下属想做的；如果公司急需的人才因为要照顾家人不得不辞职的话，可以采取休假或者缩短上班时间、在家办公等方式来挽留。

下属："头儿，我想辞职……"

主管："是不是公司有什么让你不满意的地方？其实你到哪里都是一样的，还是留下来比较好。"

老实说，上文的这段对话是我的失败经验。在我刚刚当上主管的时候，每次下属跟我说想辞职，我都只会说"哦，知道了"，并不表示挽留。唯一像上面这样挽留过一次，却没有奏效。

因为我并没有询问他辞职的理由，也没有告诉他，公司很需要他。"是不是有什么让你不满意的地方"这句话表面上看来是在询问理由，但是听话人听起来却不觉得是询问，而像是在责备他。

那么，站在想辞职的一方的立场来看，他会怎么想呢？

我换过四次工作，都是先找好新工作才提出辞职的。每个公司的主管都问我，"一定要走吗？"并认真听取了我的理由。他们的挽留让我觉得很感激，但是每次辞职都是因为我觉得在原来的公司已经没有发展空间了，即使有，也要调去外地，无法顾及家庭。如果可以两全其美，我想我就会留下来。

只有一家公司在我已经找好新工作的情况下仍然吸引我留了下来。他们调整了我的工作环境，让我能做想做的工作，我就没有理由要求辞职了。而且，可以在更能体现自己价值的岗位上工作，我的工作热情也随之高涨。也就是说，对于想要辞职的人来说，如果辞职的原因消除，并能在需要自己的岗位上工作，会让他更加快乐。

对于自己和公司都很需要的人才，你一定要当面对他说出"需要"这个词。

但是，如果辞职是因为上下级之间关系不好的话，大部分人都不会在陈述辞职理由时说真话。即使你挽留他，他也不会留下来。这时候，你要调整好心态和他交流，请他提出一些建设性的改善意见。这也是为了和仍坚守在自己的工作岗位上的下属更好地沟通。

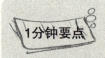

1分钟内挽留想要辞职的下属的要点

【询问辞职理由】

↓

【表现出和他一起思考、解决问题的态度】

↓

【告诉他"我和公司都很需要你"】

试试这样说吧

"你想要辞职啊……能告诉我是什么原因吗？如果有办法可以让你留下来，我愿意和你一起想办法。毕竟我和公司都很需要你。"

如实告知考核结果

考核并不只是为了升职和加薪

人事考核并不仅仅是为了给员工晋级、升职或发奖金。考核是记录员工成长过程的一个标记。也就是说，它是标示员工现在所处阶段的里程碑，同时也可以提醒员工，"你现在已经努力到了这一步。但是，在某某方面还不够努力，所以要加强"。

现在，越来越多的公司会定期组织面谈，把考核结果告知员工。但是如果公司没有这种面谈机会，或者在面谈之外的场合被下属问及考核结果，你会怎么回答呢？你应该不会装作没听见或无视它吧？

对于像下属的"头儿，现在可不可以告诉我上半年的考核结果"这种提问视而不见，用"我现在忙着呢，不是说这个的时候，赶紧工作"之类，以忙为借口岔开话题的主管可要当心哦。

过去，公司不会向员工公布考核结果，员工只需按照上级的指示开展工作就可以了。然而随着时代的发展，公司逐渐要求下属能够自己掌握自己需要提高和改善的地方，制订今后的发展计划，从而不断成长、进步。

不要放过培养下属能力的机会

在被下属问及考核结果时，要注意回答的方式。

"你呀，做事总是那么死板，这一点很不好。"类似这样的话不是在评价下属的行为，而是连下属的人格都一并否定了。毋庸置疑，这种做法是不可取的。

又或者，"你能够达成自己设定的目标，很了不起！今后还要像这样继续努力哦。"像这种只表扬不批评的主管看起来是"好主管"，其实这样的说法也有问题。主管为了下属的成长，有督促下属改正缺点的职责。如果只谈优点，那么主管就没有尽到应尽的职责。

研究行为特性的专家谷田秀子女士曾说："现在很

多主管不懂得怎样批评下属和恢复与下属的关系，所以不想因为批评下属而惹麻烦。为了获得下属的好感，他们只会一味地表扬下属。"

这些主管误以为，只要给予下属较高的评价，就不会引起下属的反感。其实下属心里明白，只说好话的主管其实是不愿意说真话的人。

对于主管提出的缺点，下属自己其实也是有自知之明的。关键是主管的说话方式能不能对自己器重的下属表达出"如果这方面能改善下的话，你就会做得更好"的期待。

就表达方式来说，下文这样是最理想的。

下属："头儿，可不可以现在告诉我上半年的考核结果呢？"

主管："考核结果啊，后面会抽时间专门讲，现在先简单说两点吧。首先值得表扬的是，在上一时期公司裁员的情况下，你仍然表现得很好，没有耽误工作，帮了整个部门的忙。谢谢！不足之处是这一期的经费缩减目标，其他部门都达到了我们却没有达到。关于这点你是怎么想的？顺便也想想今后该怎么办吧。我相信你能做到的。"

当然，在正式的面谈中也应该这样。不仅仅要把他的优点告诉他，也要告诉他不足之处，并询问他该怎么改善，帮助下属成长和进步。

对了，主管不能单方面地断定下属的不足之处，也要询问下属对于不足之处的看法，引导他进行改善。同时告诉他，你很期待他的进步。

下属询问考核结果的时候正是让下属成长的绝佳时机。即使他身上存在着让你觉得说出来伤感情的问题，也请尽量告诉他吧。

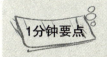

1分钟内告诉下属考核结果的要点

【直白地告诉下属优点和不足之处】

↓

【询问他自己的看法及今后的改善方案】

↓

【表现出对他的期待】

试试这样说吧

"考核结果啊，后面会抽时间专门讲，现在先简单说两点吧。首先值得表扬的是你的工作进展得很顺利，谢谢！不足之处就是经费缩减目标没有达成。关于这点你是怎么想的？顺便也想想今后该怎么改善吧。我相信你能做到的。"

1分钟搞定谈话：列举法

■ 列举法

1. 结论

2. 理由、详细情况

3. 结论

■ 例：建议员工旅游去北海道

关于员工旅游的地点，我建议去北海道。有三个理由。

第一，那里正在举办冰雪节。第二，之前员工旅游没有去过北海道。第三，在对全体员工所做的问卷调查中，有35%选择了北海道，是所有选项中得票率最高的。

首先关于第一点的冰雪节。这个节只在每年的2月举办，并不是随时去都可以看到的。至于第二点"员工旅游没去过"。从我们公司开始组织员工旅游算起，10年以来，我们从来没有去过北海道。说到第三点"问卷调查的结果"，北海道35%的支持率比第二名宫崎10%

的支持率高了可不止一点啊。

　　基于"冰雪节"、"员工旅游没去过"、"问卷调查中35%的得票率"这三个理由，我建议去北海道。

　　像这样，在叙述结论时就表明有三个理由，开门见山地告诉大家理由数目的方法叫做列举法。

第 **5** 章　主管开会讲话的技巧

在公司外部会议上做自我介绍时，
别忘了将自己和公司结合起来

没有人对发言人的经历感兴趣

当上主管后，与外界交流的机会也会越来越多。主管必须和各种各样的公司打交道，代表公司的形象参加各种社交活动。例如参加公司外部活动或是同行集会，交流行业信息。而这些场合肯定会有交换名片和自我介绍的环节。

在这种场合中，你有没有无意中只针对个人进行了介绍呢？又或者是喋喋不休地宣传公司，好像是销售员在推销呢？

"大家好，请多多关照。我是某某公司的某某。一直期待能有像今天这样的一个机会和各个公司的同仁们见面交流。我主要从事服务企划方面的工作，现在正在研究怎样才能营造出更加舒适的办公环境。但由于我是半年前才进入这个部门的，所以现在主要还在学习过程中。我之前在很多部门工作过，现在的工作正好可以让我充分运用以前学到的知识。之前我当过经理，在那之前还在物流科工作过……（喋喋不休地介绍自己以前的工作经历）"

老实说，没有人会对这种自我介绍感兴趣，听众只会期待你快快结束发言。

自我介绍时避免推销

说到自我介绍，可能有人会误以为这等同于个人介绍。然而公司外部活动一般都以公司之间的交流为目的，所以比起你这个人，参加者更加关心你所属的公司和部门。

但这并不意味着自我介绍时你要推销你的公司产品或服务。

"初次见面，请多多关照。我是某某公司服务企划科的某某。我公司从顾客的需求出发，解决办公环境方面的各种问题。例如，配置方便员工交流的桌子，安装电脑、打印机等。为了缩小上司和新员工之间的距离感，还有大桌子……（喋喋不休地说了5分钟）"

像上面这样在自我介绍时没完没了地介绍自己的公司，也会让听众感到厌烦。听众自然就对你和你的公司都没有好印象。

我们要注意适可而止，不要使介绍变成没完没了的推销。当其他参加者知道你所在的是什么样的公司后，自然会思考"这与我公司有什么联系"、"双方该建立怎么样的关系"、"可不可以互相交换些有价值的信息"等问题，并会主动与你进一步交流。毕竟，这是在商业背景下开展的活动。虽然你并不是公司的社长，但是请别忘记，你在这里也是公司的代表。

"大家好，初次见面，请多多关照。我是某某公司的某某。我公司的宗旨是为大家提供一个舒适的办公环境。我们现在正在研究怎样通过降低成本、改善配置等措施，让大家拥有一个更舒适、更能集中精力的工作环境。等下交换名片时，我想向大家征求一下改善办公环境的意见和建议。可以的话，请让我公司为您提供一个低成本、舒适的办公环境。还请大家多多关照。"

自我介绍到这种程度就可以了。让大家记住你代表的是一家"提供舒适工作环境的某某公司"就行。

其次，做自我介绍时还要告诉大家，交换名片时可以获得哪些信息。参加者首先关心你们公司是做什么的，你从事的是哪方面的工作。接下来，想要了解具体情况的人就会在交换名片时过来提问，进行进一步的具体交流。

在活动参加者众多的情况下，一次性说很多内容反而会让别人记不住。所以说话时要把握关键、适可而止。

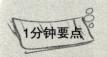
1分钟要点

1分钟内，在公司外部会议上进行自我介绍的要点

【一句话概括本公司的经营范围】

↓

【简述自己的职务】

↓

【表明交换名片时想要了解的内容】

试试这样说吧

"初次见面，请多多关照。我是某某公司的某某。我们公司的宗旨是为大家提供一个舒适的办公环境。我现在正在研究怎么通过改善配置等措施，让大家拥有一个更舒适、更能集中精力的工作环境。等下交换名片时，大家可以告诉我现在的办公环境存在的问题吗？请大家多多关照。"

公司外部会议上的自我介绍尽量控制在30秒至1分钟

过长或过短都不合适

公司内部会议上大多是熟人，所以一般不做自我介绍。而在和公司外部人员一起开会时，大家往往是第一次见面，所以一般都会有自我介绍的环节。当上主管后，参加公司外部会议的机会应该也会越来越多。在公司外部会议上做自我介绍时，你是否注意过时间呢？

首先，我们来看一个很常见的例子。

主持人："接下来从这位开始，请每人做1分钟以内的自我介绍。"

主管："大家好。我是某某公司的某某，请多多关照。我在资材科工作。迄今为止，我在公司提出过很多改善提案。最开始从事的是……（过了三四分钟）以上就是我个人简单的自我介绍。"

我们经常会看到这种无视规定的时间、一个人就要讲上好几分钟的人。最要命的是啰啰嗦嗦讲了这么多，他自己却觉得讲话很简短。也许越是话多的人，越意识不到自己啰嗦。

规定了1分钟，他都能讲这么多，那要是不规定时间的话，真不知道他要讲多久了。想想都觉得可怕啊！

那么，你还遇到过下面这种人吗？

主持人："接下来从这位开始，请大家做个自我介绍。"

主管："大家好，我是某某公司的某某，请多多关照。"

这样说又未免太短了。虽然开会才是重点，自我介绍只是其中的一个"小插曲"。但是至少也要介绍下自己是在什么公司，从事什么工作。了解到这些内容，能缓和会场中的紧张气氛，为进一步相互交流打下基础。如果连你是哪家公司的、在做什么工作都不知道的话，别人怎么提建议呢？他们只好按兵不动观察情况，整个会议上都没法发表意见。为了防止这种情况发生，我们还是要简单地说几句必要的话的。而这种介绍时间控制在30秒至1分钟就足够了。

所以，请站在会议主持人的立场上，根据与会者人数，注意控制发言的时间。

发言控制在1分钟内有3个原因

之所以说发言要简短，主要有3个原因。

第一，为了让对方有兴趣进一步了解你和你的公司。如果自我介绍超过1分钟，几乎所有的听众都会心想"还在讲"、"什么时候才能讲完"，根本听不进去你说了些什么。别说提起兴趣，没走神就很不错了。

第二，为了将会议时间留给本来的议题。1个人介绍3分钟，那么10个人光是自我介绍就要花上30分钟了。如果会议时间是90分钟的话，就只剩下60分钟谈正事了。更糟糕的情况是自我介绍占据了全部的会议时间。别笑，这种情况并不是没有发生过。

第三，为了避免大家都延长发言时间。如果第一个人讲了4~5分钟，后面的人往往也会讲很长时间。

在我参加过一个会议中，第一个人自我介绍说了10

分钟左右。那个人没完没了地说着自己的成绩，于是接下来的人也讲起自己取得的成绩。参加者15人，3小时的会议，光是自我介绍就花了80分钟。

大家在发言时，自然而然地会以前面发言人的时长作为标准。尤其是第一个被点名的人的发言，一定要像下文一样简练，将时长控制在30秒至1分钟，为后面的发言做好榜样。

"大家好。初次见面，请多多关照。我是某某公司的某某。我公司的宗旨是为大家提供一个舒适的办公环境。我的工作是通过购买物美价廉的材料，改善配置，让大家拥有一个更舒适、更能集中精力的工作环境。我参加本次会议的目的是想弄清业界的一些争议点，为营造出更加舒适的办公环境做出一点贡献。还请大家多多关照。"

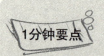

1分钟内，在公司外部会议上进行自我介绍的要点

【站在主持人的立场上注意控制发言时间】

↓

【介绍本公司的经营范围和自己的工作内容】

↓

【一句话概括出席会议的目的】

试试这样说吧

"初次见面，请多多关照。我是某某公司的某某。我公司的宗旨是为大家提供一个舒适的办公环境。我的工作是通过改善配置，让大家拥有一个更舒适、更能集中精力的工作环境。我参加本次会议的目的是想弄清业界的一些争议点。还请大家多多关照。"

听完对方的意见再说出个人见解

不要打断别人的提议

我们之前已经强调过很多次，主管要注意不能打击下属的积极性。当然，如果能做到不仅不打击积极性，而且还能激发积极性，那就更理想了。

假设某个项目开始后，团队召开会议。为了团队能取得更好的成绩，主管有责任团结下属，带动整个团队的发展。

下属："我们现在开始进行年末宣传、清除库存怎么样？我想在年底前整理好商品，迎接新年……"

主管："不行不行。你的缺点就是总把问题想得那么简单。你这不等于在说我们公司的商品都是废品吗？你的想法还是太肤浅啊！就不能想出点更靠谱的办法吗？"

我们经常会看到上文这样的对话情景。下属在陈述意见时突然被主管打断，并被全盘否定。而且主管的否定不仅仅针对下属的意见本身，甚至不认可下属的人品。在这种情况下，恐怕没有下属有勇气坚持说完自己的意见吧。下属会觉得建议被否定了很麻烦，所以很少有人会坚持自己的意见。

而且，如果下属的意见每次都被中途打断，那他以后即使有意见也不会主动说了。长此以往，下属就会认为"反正认真思考也是白搭"，连想都不愿意想了。于是会议上大家谁都不愿意发言了。

这种情况最终导致的结果就是，不管主管作出什么样的决议，大家都会按指示办事，完全没有超越预期的热情。有些主管经常抱怨现在的年轻人不会主动思考问题。但实际上很多时候，是主管自己让下属变成了那个样子。

那么如果像下面这样回应刚才那位下属的提议，情况又会如何呢？

下属："我们现在开始进行年末宣传、清除库存怎么样？我提议通过年底前一起整理商品迎接新年，让公司更加团结。"

主管："你提议进行年末宣传、清除库存啊。这样做的确是比较有效率的，但是我个人比较倾向于新年再开展宣传。这样做不仅可以清除库存，同时又能进行新产品的介绍。福袋[1]这个形式怎么样？向顾客们表达'今年也请继续支持我们'的宗旨的同时，热闹一番，怎么样？"

无论是赞成还是反对，主管都要对下属的建议表示理解。这个例子中，主管先简单总结归纳了下属的发言，这一点做得很好。这表明主管已经理解并接受了下属的意见，下属也就不会后悔"早知道就不说了"。

如果能发现下属发言中的某一个优点并给予赞扬，下属会庆幸自己把意见说出来了，所以，主管不要否定下属的提议。而主管在提出自己的意见时，不要只表达反对意见，而要通过询问"是不是还可以这么想呢"，引出自己的想法。

如果每次采纳的都是主管的建议，下属就会觉得"反正主管的建议都是最好的，自己的肯定不会被采

---

[1] 福袋是日本商家在新年前后，将多件商品装入布袋或纸盒中，进行搭配销售，这种袋子或纸盒就称为"福袋"。——编者注

纳"，渐渐地就不会再发表意见了。因此如果主管表述自己的建议时能引用与下属意见相同的部分，下属就不会认为你是在反对他了。主管在提议时要提出自己的根据，让自己的观点更有说服力。

即使建议没有被完全采纳，但只要以自己的意见为基础的改良方案能够被采纳，下属就会感到高兴。他会认为："我的提议没有白费，今后要继续思考，提出建议。"这样一来，主管便可以营造出一个下属勇于提议的工作氛围。

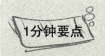

1分钟内陈述反对意见的要点

【肯定对方的意见】

↓

【说出对方意见中的优点】

↓

【有根据地陈述自己的意见】

试试这样说吧

"你提议进行年末宣传、清除库存啊。这样做的确是比较有效率的。但是我比较倾向于开展新年宣传。这样做不仅可以清除库存，又可以进行新产品的介绍。福袋这种形式怎么样？将宣传时间定在新年怎样？"

与其他部门合作，就要先考虑对方

只看到自己处境的人只会埋怨对方

当工作不能顺利开展的时候，有些人只会挑其他部门的毛病，把责任全部推给别人，认为"都是那个部门害我们工作进展不顺"、"都是那个部门不配合，他们根本不知道自己的职责"。你有没有这样做过呢？

如果问题只是暂时的，及时解决便可。然而一旦这种不信任感加强，导致两个部门之间对立，别说解决问题了，长此以往甚至会给整个公司造成损失。

你所在的部门有自己的职责、目标和规矩，其他部门同样也有。如果将自己部门的标准强加给其他部门，就很难建立起良好的合作关系。解决这一问题的关键是与其他部门共同思考，寻找能够实现双赢的平衡点。

主管A："销售部每次都不好好跟客户解释商品服务，总要我们收拾烂摊子。即使辛辛苦苦地开发出了好产品，也会因为销售部没有跟顾客宣传清楚，导致销量下降或客户投诉。你们到底是怎么搞销售的？都在说些废话吗？"

主管B："我们销售部可是每天都在外面忙到很晚啊。倒是你们，能不能开发出一些顾客真正需要的产品啊？"

两个部门其实都在为顾客而努力。听到对方一味地指责，就会觉得对方根本不理解自己的辛苦还乱说，徒增怒气。光发怒并不能让事情有所改善。每个部门都要尊重其他部门的努力，相互体谅。

长期互相排斥甚至会导致公司关门大吉

我曾经有过由于公司内部不团结而最终导致事业失败的经历，让我受到很多教训。

当时，我所属的业务改革系统开发部门与管理部门不和。双方互不理解，不管什么事都要对着干。两个部门常常针对一些事项连续开几天的会，每次都超过12小时，然而却毫无进展，得不出任何结果，大家好像已经完全忘了，两个部门其实是属于同一个公司的。

你能想象这样僵持下去会有什么结果吗？

不骗你，公司关门大吉了。

公司倒闭后我才意识到，在员工不团结、互相排斥的情况下，别说提升业绩，就连公司都会办不下去。我不希望大家和我有相同的遭遇。

请尊重对方部门的努力、成果和优点。要知道并理解对方部门在干什么、进展如何，然后让对方也同样了解自己部门的工作。双方互相取长补短，以共同成长进步为目标，向着相同的目标迈进。

主管A："销售部为了配合客户的时间，不惜工作到很晚，每天都很努力啊，真了不起。B主管教导有方啊！对了，我希望能够让客户再改善下办公桌。其实我对客户想要的理想工作氛围的信息很少，比较头痛啊。你们营业部能不能发挥优秀的营销能力，帮我搜集些好的构思呢？"

解决部门之间互相排斥问题的关键在于，意识到本部门的客户不光是购买商品的人，还有公司内部的其他部门。

不仅顾客可以投诉你的部门，其他部门也可以投诉。当然，本部门也可以对其他部门进行投诉，投诉是期待的另一种表现方式。如果能够认真对待，对本部门和其他部门都是有好处的，全公司以及客户都能受益。所以，请以双赢为目标，巩固部门之间的关系吧。

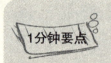

1分钟内请求其他部门协助的要点

【赞扬对方部门的努力】

↓

【说出自己部门的困扰】

↓

【为了公司的利益请求协助】

试试这样说吧

"多亏某某主管教导有方啊，销售部每天都努力到很晚，真了不起。我们做研发的不太了解客户的需求，正在为产品开发的方向头痛呢。你们销售部能不能发挥优秀的营销能力，帮我们搜集些信息，了解客户认为什么样的办公环境是最理想的呢？"

不被啰嗦上司拖着走的必杀技

你不可能回避所有的啰嗦话

主管也有自己的上司。如果上司对你说"可以占用你几分钟吗？"你会怎么回应？

经常听人抱怨说，上司说是"几分钟"，但从来就没有真的"几分钟"就完事的。会议中有主持人控制时间防止啰嗦，但如果是会议以外的场合，例如在走廊上碰见或是工作中被上司喊去，开始了漫长的谈话，就很难应付了。

这是我30多岁时的经历。我常常接到社长打来的内线电话说"有点事跟你说下"，但他往往一说就是将近3个小时的废话，白白浪费了时间。这种情况多了，工作就耽误了。于是天不怕地不怕的我说了声"现在忙着呢"，就粗鲁地挂掉了电话。当时我的下属都被我的这一举动吓到了。现在想来，当时的我就是个反面主管的典型啊。

委婉地告诉上司"时间有限"

在实际工作中，如果上司说："可以占用你几分钟吗？"下属会本能地回答："好的，有什么事吗？"即使是冗长的废话，大多数人也只能默默地听着，不管几个小时都只能奉陪到底。

我在一开始也会默默地听，但这个方法是错误的。如果你很配合地倾听，上司只会越说越起劲。尤其是地位高的人，只要自己有时间就希望别人能充当听众。

要像天不怕地不怕的我那样直接拒绝说"不想听"，恐怕是很难做到的，而且也是不恰当的。所以像开会一样规定发言时间是最有效的方法。但是，我们要怎么向上司表达呢？

八王环境咨询公司的竹田义典先生很注意跟上司确认谈话时间。他会提醒上司："11点要开会，所以我只有10分钟时间，可以吗？"

像这样明确地说明情况和时间，如果时间不够，就另约时间，如果需要事先准备，就提前提醒。你就不会担心会陷入无休止听上司啰嗦的境况，你们的对话就像开一个二人短会一样。

部长："可以占用你几分钟吗？"

主管："不好意思，我现在要赶明天的会议资料，大概只有10分钟的时间。下午5点以后的话大概可以抽出30分钟。可以先问您一下，是关于什么内容的谈话吗？"

了解了谈话内容后，我们就可以做好各种事前准备工作，也比较容易调整时间，这同时也是应付啰嗦上司的好办法。这样一来，我们就可以促使上司养成习惯，由原来的"可以占用你几分钟吗？"改为"关于某某问题，我想跟你谈10分钟左右，可以吗？"这在某种程度上也促进了上司养成良好习惯。

不仅主管要培养下属成长，下属也同样要推动上司越来越成熟。

如果说好了只讲10分钟的上司无法控制好时间，无奈只能听他啰嗦，那么我建议你随身携带闹钟，让它10分钟后就大声响起！

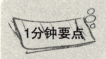

1分钟内和啰嗦上司过招的要点

【告诉他现在你能抽出多少时间】

↓

【告诉他不能长谈的理由和方便的时间】

↓

【了解谈话的内容】

试试这样说吧

"不好意思，我现在要赶明天的会议资料，大概只有10分钟的时间。下午5点以后的话大概可以抽出30分钟。可以先问您一下，是关于什么内容的谈话吗？"

非常感谢大家能坚持读完拙著。

正如本书中多次强调的一样，由于日常生活中的人际关系和个人价值观的影响，主管的意思并不一定能准确无误地传达给对方。听众往往会从自己的角度去思考你的话。所以，不要过于期待对方能够完全正确地理解你的意思。

因此，我希望身为主管的你能尽可能多地和下属交流，注意不要将自己的想法强加于下属。与下属谈话时不仅要简洁，还应顾及对方的立场和情绪。

也许你不擅长表达，或是被身边的朋友说"讲话啰嗦"、"不知道你要表达什么"，所以你拿起了这本书。抑或是周围的朋友觉得你讲话比较啰嗦、很烦人，应该学习学习说话的技巧，因此将这本书作为礼物送给你，推荐你读这本书。请千万不要生他的气。他关注了你，为你提出建议，你应该向他表达谢意才对。尽快哦！当然，表达时间得在1分钟以内！

我在编写此书的过程中承蒙多方的支持与指导。

那些知道自己讲话缺乏条理的人，一般都了解先说结论这条铁规则，但是很多时候，这些人并不能完美地执行它。因此我想，如果能举出1个例子让这样的人知道什么时候要怎么说，那当他实际遇到类似情况的时候，应该就能够运用自如了吧？我真心地希望，在遇到类似的情况时，这本书能对你有所帮助。

过去，我也曾苦恼于人际交往，因为我在讲话时很少顾及别人。我原以为，如果发言过短，下属就不会按我说的去做。于是我变得越来越啰嗦，导致下属听得云里雾里。别说对我的话进行思考了，连意见都提不出来。很久以后我才意识到，这是一种恶性循环。我不想浪费这些教训，因此，我将研究说话技巧和表达方式作为毕生的事业，也算是对我曾经麻烦过的下属们的一种补偿吧。

最后，向在本书执笔到出版过程中给予大力支持的诸位致以最深的感谢！

谢谢大家！

冲本琉璃子

图书在版编目（CIP）数据

　　这样说，下属1分钟就懂你／（日）冲本琉璃子著；
余冬敏译. — 杭州：浙江大学出版社，2013.1
　　ISBN 978-7-308-10481-4

　　Ⅰ．①这… Ⅱ．①冲… ②余… Ⅲ．①企业领导—语
言艺术 Ⅳ．①F272.91

　　中国版本图书馆CIP数据核字（2012）第207030号

LEADER wa HANASHI wo 1puninaini MATOMENASAI © 2011 Ruriko
Okimoto
Original Japanese edition published by Chukei Publishing Co. Ltd.
Simplified Chinese Character rights arranged with Chukei Publishing Co. Ltd.
through Beijing GW Culture Communications Co., Ltd.
本书仅限于中国大陆地区发行销售
浙江省版权局著作权合同登记图字：11-2012-158

这样说，下属1分钟就懂你

（日）冲本琉璃子 著　余冬敏 译

策　　划	蓝狮子财经出版中心	
责任编辑	胡志远	
出版发行	浙江大学出版社	
	（杭州市天目山路148号　邮政编码310007）	
	（网址：http://www.zjupress.com）	
排　　版	浙江时代出版服务有限公司	
印　　刷	临安市曙光印务有限公司	
开　　本	850mm×1168mm　1/32	
印　　张	6	
字　　数	93千	
版 印 次	2013年1月第1版　2013年1月第1次印刷	
书　　号	ISBN 978-7-308-10481-4	
定　　价	27.00元	